UM NOVO LANCE DE DADOS

Psicanálise e medicina na contemporaneidade

Organizadores
Joel Birman
Isabel Fortes
Simone Perelson

UM NOVO LANCE DE DADOS

Psicanálise e medicina na contemporaneidade

ORGANIZADORES
Joel Birman
Isabel Fortes
Simone Perelson

Revisão
Sandra Regina Felgueiras

Capa
Fatima Agra

Editoração Eletrônica
FA - Editoração Eletrônica

FICHA CATALOGRÁFICA

N843

Um novo lance de dados : psicanálise e medicina na contemporaneidade / organizadores, Joel Birman, Isabel Fortes, Simone Perelson. – Rio de Janeiro : Cia de Freud, 2010.

Inclui bibliografia
ISBN 978-85-7724-088-3

1. Medicina e psicologia. 2. Psicanálise. I. Birman, Joel, 1946. II. Fortes, Isabel. III. Perelson, Simone. IV. Título: Psicanálise e medicina na contemporaneidade

10-5804. CDD: 150.195
CDU: 159.964.2

Financiamento
Programa de apoio à Pós-Graduação

CAPES

2010

Companhia de Freud Editora
Rua Barão de Sertório, 48 – casa
Tel.: (21) 2273-9357 • (21) 2293-5863
Rio Comprido – Rio de Janeiro, RJ
e-mail: ciadefreud@gmail.com

Sumário

Apresentação

A relação entre a psicanálise e a medicina inaugurou-se com a ruptura que Freud realizou com esta última. Ao demonstrar que os sintomas histéricos não se moldavam pelo corpo anatômico, mas pelo corpo representado, a psicanálise demarcou radicalmente sua distinção epistemológica face à medicina. No entanto, é preciso ressaltar que, apesar da ruptura inicial, a história da interface entre estes dois saberes foi também tecida por uma intensa interlocução entre eles. A proposta da coletânea *Um novo lance de dados: psicanálise e medicina na contemporaneidade*, produzida pelo Programa de Pós-Graduação em Teoria Psicanalítica da UFRJ, é trazer para o centro do debate questões que se colocam hoje como fundamentais no diálogo entre psicanálise e medicina.

O avanço das neurociências na medicina atual já levanta de saída interrogações que são cruciais não apenas para esse diálogo, mas também para uma reflexão sobre o lugar da psicanálise no mundo contemporâneo. O surgimento do chamado sujeito cerebral, produzido pelas novas tecnologias de imageria cerebral e pelas recentes descobertas da biologia molecular, nos conduz a mapear algumas linhas de forças que balizam esse debate. É praticamente um consenso, entre os adeptos da psicanálise, que a ideia de uma "biologia da consciência" entra em choque com as concepções psicanalíticas de sujeito do inconsciente e de sujeito falante. Sustenta-se aqui que a visão de sujeito que a biologia molecular tem como alvo difere da compreensão do sujeito na teoria psicanalítica. Assim, a crítica que a psicanálise dirige às neurociências é por estas abraçarem uma visão generalista na qual o sujeito fica reduzido à condição biológica, sendo aí neutralizadas suas dimensões pulsionais e históricas.

A crença de que a experiência subjetiva pode ser explicada pelos processos neuroquímicos do nosso cérebro já adentrou o âmbito do imaginário social, sendo adotados nesse domínio enunciados que utilizam a causalidade dos processos cerebrais para entender afetos como simpatia, violência ou amor. A consequência de se pensar a subjetividade unicamente a partir dos parâmetros biológicos é um ameaçador retorno do naturalismo e do cientificismo. Ora, sendo a construção psicanalítica de sujeito eminentemente antinaturalista, sendo a psicanálise um saber que não se coaduna de forma alguma com a progressiva eliminação do sujeito efetuada pela perspectiva neurocientífica, o que se destaca da interlocução entre a psicanálise e a medicina, quando o que está em questão são as últimas descobertas das neurociências, é fundamentalmente um profundo hiato.

Assim, diante do recrudescimento do naturalismo e do cientificismo no quadro da atual epistemologia, faz-se premente hoje, mais do que nunca, escutar o sujeito. Se oferecer visibilidade ao sujeito sempre foi tarefa do eixo clínico/teórico da psicanálise, essa tarefa ganha hoje função de resistência frente à neutralização crescente da subjetividade humana que nosso tempo testemunha.

Os últimos avanços da medicina no campo da reprodução colocam também novos desafios à psicanálise. Se, face aos enunciados e descobertas das neurociências, cabe à psicanálise resistir pela sustentação da necessária escuta do sujeito do inconsciente, no que concerne às novas tecnologias reprodutivas, a resistência psicanalítica implica na sustentação do laço entre reprodução humana e erotismo. Com efeito, separando o sexo da reprodução, a medicina transforma hoje o ato procriativo numa experiência cada vez mais dependente da técnica e menos de Eros, cada vez mais na resposta devidamente programada a uma demanda consciente e menos num efeito imprevisível do desejo inconsciente. Entretanto, por mais sofisticadas e precisas que sejam as últimas técnicas reprodutivas, e por mais eficazes que estas se mostrem no tratamento da infertilidade de causas orgânicas, os médicos não deixam de ter de se deparar constantemente com os restos indesejáveis da "deserotização" da reprodução e da filiação, a saber, as infertilidades psíquicas. E é aqui que o psicanalista, a escuta do inconsciente e o tratamento pela palavra vêm a ser convocados pela própria medicina.

Essa interlocução não se reduz, entretanto, a essa única convocação, pois, ao liberar o ato procriativo do imperativo do encontro sexual fecundo, a medicina reprodutiva torna possível hoje, seja como algo tecnicamente realizável, seja como algo social e simbolicamente legitimável, formas de filiação até agora inadmissíveis socialmente ou impensáveis simbolicamente. A psicanálise aqui é convocada a refletir sobre as novas montagens simbólicas de filiação, não mais reguladas pelos limites da natureza, mas sim pelos novos horizontes abertos pela técnica.

Mas a medicina hoje não apenas separa a reprodução do sexo e multiplica as possibilidades de montagens simbólicas de filiação, como também despedaça a experiência reprodutiva, produzindo uma estranha exposição e circulação de secreções corporais e dos resultados de seus encontros. Óvulos, sêmen e embriões são estocados, doados, comercializados, descartados. O aprimoramento técnico não impede, mas ao contrário, exige a produção de um estranho excesso. O corpo, em sua dimensão excessiva e incontrolável, marca aqui a sua presença. Eis-nos de volta à temática do corpo. Entretanto, não se trata mais agora do corpo histérico, do corpo simbólico que, revelado por Freud já há mais de um século, produziu a psicanálise a partir do rompimento de seu inventor com a medicina. Hoje, é a dimensão excessiva do corpo que marca sobretudo os mais recentes capítulos da história das interfaces entre a medicina e a psicanálise.

Com efeito, as publicações recentes da psicopatologia e da psiquiatria clínica têm dado ênfase principalmente à toxicomania, às depressões e à síndrome do pânico, condições clínicas que podem ser definidas como patologias da ação e do corpo. Um movimento paralelo a esse é também observado nas publicações psicanalíticas das últimas décadas, que testemunham uma maior preocupação com o corpo no cenário teórico da psicanálise. A característica do sofrimento corporal parece ser sua dificuldade de se expressar psiquicamente. Os sintomas que se manifestam hoje no corpo apresentam uma descarga corporal que, no entanto, não chega a se traduzir psiquicamente, sendo portanto a fragilidade da elaboração psíquica a marca desses sintomas na atualidade. O psicanalista se vê, assim, diante de um enorme desafio: como empreender uma clínica da palavra com pacientes que fazem do corpo não apenas o seu sintoma, mas, antes, a sua forma de ser?

Enquanto a subjetividade perde progressivamente a sua função de ligação, elaboração e simbolização do afeto, o corpo se torna cada vez mais o principal lócus de expressão da dimensão afetiva do eu. Tendo permanecido desligado, o afeto só pode expressar-se sob a forma da angústia. O corpo torna-se, assim, a via por excelência de descarga direta da angústia e, da mesma forma, de apresentação do eu. É por essa razão que é fundamentalmente a maneira abissal segundo a qual a subjetividade se ausenta e o corpo se apresenta na cena do mundo contemporâneo que norteia hoje o diálogo entre a psicanálise a medicina.

O quadro de Magritte que ilustra a capa da presente coletânea indica a fragmentação do corpo na contemporaneidade, que assiste ao movimento de uma enorme dessubjetivação do homem. O pássaro negro que surge ao lado do corpo fragmentado indica, no entanto, que essa dessubjetivação não conduz unicamente a um movimento de desvitalização daquele. O pássaro metamorfoseia a liberdade que se descortina para o homem contemporâneo, na medida em que ele se desprende definitivamente dos determinismos da modernidade, podendo voar no céu infinito do indeterminismo e da imprevisibilidade que marcam a época da contemporaneidade. Nossa aposta é que a psicanálise possa jogar um novo lance de dados nas cartas que estão sendo colocadas pelo mundo contemporâneo e possa ter as asas para voar lado a lado com esse pássaro.

Os organizadores

Discurso freudiano e medicina[1]

Joel Birman

I. Ruptura e interlocução

As relações meticulosamente estabelecidas entre a psicanálise e a medicina são não apenas *múltiplas* mas também *complexas*. Não se poderia então considerar tais relações numa perspectiva unívoca e linear, pois isso implicaria na turvação inevitável do campo real onde estas foram efetivamente construídas, de maneira a impossibilitar a apreensão do que está em causa no campo daquelas relações.

O que significa esta evocação aqui do campo *real*? Quando faço alusão a esse campo quero me referir especificamente aos registros *epistemológico, social* e *histórico*, nos quais tais

---

1 Este texto foi escrito a partir das notas que me orientaram na conferência que pronunciei no quadro do colóquio sobre "Psicanálise e Medicina", realizado pelo Programa de Pós-Graduação em Teoria Psicanalítica da Universidade Federal do Rio de Janeiro, que ocorreu em 27 de novembro de 2009, no Rio de Janeiro.

relações foram efetivamente tecidas, articulando diferentes *fios* e desarticulando diversos *nós* que estavam plasmados e constituídos naqueles registros. Por isso mesmo, qualquer reducionismo seria aqui inaceitável e até mesmo imperdoável, na medida em que empobreceria a leitura do que estaria em pauta naquelas relações.

Assim, pode-se afirmar sem pestanejar que entre os discursos psicanalítico e médico foram devidamente estabelecidos canais de *comunicação* e de *silêncio*, ao mesmo tempo, que funcionaram, no mesmo diapasão e com igual intensidade, nos registros epistemológico, social e histórico. Vale dizer, entre a psicanálise e a medicina foram delineados diversos campos temáticos de *ruptura* e de *interlocução* que funcionaram simultaneamente. Desta maneira, seria empobrecer marcadamente a análise qualquer privilégio que fosse concedido a um destes canais às expensas do outro, pelo risco teórico que isso implicaria.

O que pretendo dizer com o enunciado das ideias de ruptura e de interlocução entre estes diferentes campos discursivos afinal das contas? O que está em jogo na alusão destas perspectivas teóricas aparentemente opostas, já que quando se fala em ruptura se enuncia algo que se opõe à ideia de interlocução, que supõe necessariamente que o diálogo seja possível, de alguma forma e em algum nível?

Assim, pode-se afirmar que a referência à ideia de ruptura entre os ditos discursos foi a concepção dominante na concepção psicanalítica desde os anos 50 e 60, quando se enunciou a tese sobre a existência de uma *ruptura epistemológica* entre os campos da psicanálise e da medicina. Esta ruptura se fundaria na especificidade epistemológica da psicanálise, em oposição ao paradigma que estaria presente no discurso da medicina. Com efeito, os *conceitos fundamentais* da psicanálise, que constituíram o seu *objeto teórico* específico, não se coadunariam e não se harmonizariam com os que se inseriam no discurso da medicina.

Esta leitura se empreendeu principalmente na tradição francesa, tanto na psicanalítica (Lacan, 1936, 1946, 1953, 1966) quanto na filosófica e da história das ciências (Althusser, 1964, 1969), de maneira a constituir um paradigma consistente que marcou a ferro e fogo o campo das relações entre a psicanálise e a medicina. No fundamento desta leitura encontra-se o conceito de *corte epistemológico*, enunciado por Bachelard (1975). Pode-se encontrar rastros e marcas desta modalidade de leitura no início do discurso freudiano (Freud, 1907, 1911) como ainda veremos ao longo deste ensaio.

No entanto, este paradigma teórico de interpretação foi também rigorosamente contestado na própria tradição epistemológica francesa. Assim, as pesquisas arqueológicas de Foucault sobre as problemáticas da loucura e da clínica estão inequivocamente na origem histórica de tal questionamento. Com efeito, se com a *História da loucura na idade clássica*, obra publicada inicialmente em 1961, Foucault enunciou a continuidade existente entre a psicanálise e a psiquiatria, com o *Nascimento da clínica*, livro publicado em 1963, Foucault formulou a continuidade existente entre a psicanálise e a medicina. Com a publicação de *O psicanalismo*, em 1973, Castel deu grande ressonância a esta polêmica, ao criticar a tese da ruptura epistemológica da psicanálise seja com a medicina, seja com a psiquiatria.

É preciso considerar devidamente que a dita concepção de ruptura, no que tange ao campo das relações que estamos enfocando neste ensaio, coloca em evidência apenas a leitura *internalista* dos discursos científicos, excluindo e colocando numa condição subalterna a leitura *externalista*, que seria também fundamental na construção dessas modalidades de discursos teóricos. Ao introduzir agora estas categorias de análise estou me referindo ao célebre ensaio de Canguilhem, intitulado "O objeto da história das ciências" (1968), que enunciou tais categorias teóricas.

Foi pela consideração desta dimensão externalista na construção dos saberes na sua articulação com a internalista que Foucault justamente questionou a concepção que apenas insistia na ruptura nas relações entre a psicanálise, a psiquiatria e a medicina. Porém na leitura que realizou não pretendia mais empreender uma pesquisa voltada para a *história das ciências*, mas para uma *arqueologia dos saberes* (1969b).

Portanto, seria preciso conjugar as leituras internalista e externalista, de maneira a colocar em pauta não apenas a ruptura, mas também a interlocução estabelecida entre a psicanálise e a medicina. O que implica em dizer que, se a emergência histórica e epistemológica da psicanálise estabeleceu uma ruptura com o campo da medicina, por um lado, a não-ruptura existiu também efetivamente entre estes campos discursivos, pelo outro. No que tange a isso, é preciso destacar devidamente que a constituição teórica da psicanálise implicou em certas transformações cruciais ocorridas no discurso da medicina, sem as quais a configuração do discurso psicanalítico teria sido impossível de ser forjada.

Nesta perspectiva, seria fundamental colocar em pauta simultaneamente o campo de questões no qual ocorreu a ruptura efetivamente, de maneira a opô-lo ao campo de questões no qual a interlocução aconteceu e se configurou. Para isso, no entanto, é preciso ficar bem atento para as *problemáticas* que foram delineadas entre os campos da psicanálise e da medicina, para que se possa circunscrever os pontos de ruptura e os pontos de interlocução entre estes discursos teóricos.

Para isso, contudo, seria preciso considerar que a psicanálise e a medicina se constituem como *formações discursivas* (Foucault, 1969b) que se inscrevem historicamente na constituição da modernidade. Assim, se Foucault demonstrou que a *clínica* seria uma formação discursiva, tanto na *Arqueologia do saber* (1969b) quanto no *Nascimento da clínica* (1963), para Foucault a psicanálise seria também uma modalidade de *discursividade* e não uma ciência propriamente dita (1969a). Além disso, as problemáticas que enunciei acima perpassariam estas diferentes formações discursivas, de maneira que seria pela mediação delas que se poderia circunscrever devidamente os pontos de ruptura e de interlocução, entre os campos da psicanálise e da medicina, numa dimensão histórica.

Seriam, assim, as marcas desta historicidade que podem nos fornecer os signos cruciais para que possamos efetivamente indicar os pontos de ruptura e de interlocução existentes entre a psicanálise e a medicina pelos quais se teceriam as linhas de *continuidade* e de *descontinuidade* entre tais campos de discursividade.

A pretensão deste ensaio é a de delinear devidamente as linhas de continuidade e de descontinuidade existentes entre psicanálise e medicina, se voltando então para a leitura das problemáticas que seriam constitutivas destas formações discursivas. Para isso, vou me voltar para a leitura do *discurso freudiano* especificamente, que foi fundante do campo psicanalítico, para colocar em evidência as linhas de descontinuidade e de continuidade que foram estabelecidas entre psicanálise e medicina.

II. Histeria e anatomoclínica

Assim, as relações com a medicina foram constituintes da psicanálise, na medida em que essa se forjou no interior do campo da medicina, no final do século XIX, com a constituição do discurso freudiano. Além disso, o que estava particularmente em pauta era o campo da neurologia, que era então uma especialidade médica bastante recente. Vale dizer, a psicanálise se constituiu no campo da tradição da clínica médica e não da psiquiatria, mesmo que posteriormente tenha tido incidência na psiquiatria e provocado nesta efeitos teóricos e clínicos fundamentais.

Foi pelos impasses encontrados pelo discurso da clínica face à histeria, impasses esses de ordem *etiológica*, *diagnóstica* e *terapêutica*, que o campo da histeria se deslocou do discurso da clínica médica para o da neurologia. Foi pela indiscutível autoridade clínica e institucional de Charcot, que era então professor da Faculdade de Medicina de Paris, que este deslocamento se realizou, na medida em que aquele tomou para si o desafio teórico de elucidar a problemática da histeria.

Assim, após empreender meticulosamente a configuração da totalidade do campo da neurologia, de acordo com os pressupostos da *anatomoclínica* (Foucault, 1963), Charcot se voltou para a investigação da histeria, na qual a leitura realizada pelo discurso anatomoclínico encontrava obstáculos insuperáveis (Freud, 1893). Porém não existe qualquer dúvida de que até então a histeria se inscrevia no campo da clínica médica, principalmente naquele setor específico voltado para o cuidado das mulheres, como nos mostrou Swain (1986) num ensaio historicamente bem documentado.

Foi pela sua inserção científica inicial no campo da neurologia que Freud teve o seu encontro fatal com a problemática de histeria, a partir do qual constituiu a psicanálise como um campo específico do saber e de prática clínica. Se este encontro passou certamente pela interlocução decisiva com Charcot, quando estudou com esse em Paris numa viagem que transformou o seu destino, foi porque foi com Charcot que a dimensão do impasse colocado pela histeria para a medicina ficou patente para Freud.

Assim, se a histeria colocava impasses para a medicina isso se devia ao obstáculo encontrado pelo modelo anatomoclínico para dar conta daquela, na medida em que não existia qualquer lesão anatômica (Foucault, 1963) que pudesse explicar a múltipla e caleidoscópica produção sintomática presente na histeria. Por conta disso, a histeria foi então transformada em *simulação* e os histéricos passaram a ser acusados de mentirosos pelos médicos, pois questionavam a legitimidade do paradigma teórico que sustentava o discurso da clínica.

III. Tradição popular e tradição científica

A genialidade teórica de Freud foi a de demonstrar como os enigmáticos sintomas presentes na histeria não se moldavam pelas linhas de força delineadas pelo *corpo anatômico*, mas pelo *corpo representado.* Esse registro corporal seria forjado pelo *imaginário popular* e não pelo *imaginário científico* constituído pela anatomia. Vale dizer, a maneira pela qual as pessoas representavam o seu corpo não seria condizente com a descrição científica realizada pelo discurso da anatomia.

Assim, num ensaio escrito entre 1893 e 1897, publicado com o título "Alguns pontos para um estudo comparativo entre paralisias motoras e histéricas" (1893-1897), Freud procurou demonstrar a existência de uma outra experiência corpórea para o sujeito, que seria radicalmente distinta do *corpo somático* descrito pela anatomia. Existiriam, então, duas geografias corporais, que não se sobrepunham absolutamente e que delineavam morfologias corpóreas distintas. Desta maneira, se as paralisias motoras se adequavam à lógica do discurso da anatomia, as paralisias histéricas não se adequavam a essa lógica e indicavam a existência do corpo representado, forjado pelo imaginário popular.

O discurso freudiano, portanto, já realizava aqui a crítica do discurso da anatomoclínica, indicando por onde passavam seu impasse e seu obstáculo teóricos para poder interpretar devidamente a produção sintomática da histeria. Enfim, a *desconstrução* sistemática do discurso da anatomoclínica começou então a se delinear decididamente, como condição de possibilidade para a construção do discurso psicanalítico.

Contudo, esta mesma diferença entre os registros do imaginário popular e do imaginário científico continuou presente no discurso freudiano. Assim, logo em seguida, com a publicação de *A interpretação dos sonhos*, em 1900, o discurso freudiano se inscreveu decididamente na tradição popular sobre a produção onírica, que se opunha também decididamente à recente tradição científica sobre os sonhos. Se para aquela, com efeito, o sonho seria uma construção psíquica dotada de *sentido* e pela qual o sujeito pretendia *dizer* algo, para esta, em contrapartida, o sonho na sua surrealidade não teria qualquer significação, na medida em que seria o efeito da desorganização do sistema nervoso central produzido pelo processo do sono. Para o discurso neurológico, portanto, sonhar seria meramente o signo de uma disfunção temporária do sistema nervoso central, pois não existiria qualquer psiquismo no estado do sono (Freud, 1900: cap. III). Enfim, se para o discurso freudiano existiria a presença de *pensamento* na experiência do sonhar, no qual o sujeito seria o seu correlato (cap. V e VI), para o discurso neurológico não existiria nem pensamento nem sujeito na experiência onírica, pois o psiquismo não existiria também, pois este dependeria necessariamente da presença do estado de vigília e da consciência.

Pode-se, assim, afirmar que a totalidade da construção teórica formulada em *A interpretação dos sonhos* foi uma crítica sistemática das leituras médica e neurológica sobre o ser do psiquismo, nos quais este seria concebido como um simples epifenômeno da neuroanatomia e da neurofisiologia do sistema nervoso central, de maneira que não poderia existir psiquismo sem a existência da consciência. Enfim, em *A interpretação dos sonhos* Freud realizou a desconstrução da medicalização do corpo e das paixões, que estava sendo progressivamente forjada pela medicina científica ao longo do século XIX.

Foi ainda pelo viés de valorar a tradição popular em oposição à tradição científica que Freud conferiu o devido destaque a certas produções sociais e culturais que eram cultivadas pela tradição popular e que não eram analisadas pela tradição científica, seja esta representada pelo discurso da psicologia seja pelo da psiquiatria. O destaque atribuído por Freud a tais produções, mediante as quais o sujeito se expressava e se enunciava, o conduziu a inscrevê-las no registro do psiquismo. Com efeito, o discurso freudiano conferiu valor ao lapso e ao ato falho, em *Psicopatologia da vida cotidiana*, livro publicado em 1901, assim como ao chiste, em *O chiste nas suas relações com o inconsciente*, obra publicada em 1905(b).

Assim, a totalidade destas produções psíquicas – *sintoma, sonho, ato falho, lapso* e *chiste* –, que Lacan (1953) denominou posteriormente de *formações do inconsciente*, foi inscrita pelo discurso freudiano no psiquismo. Porém esse se fundaria agora no registro do inconsciente e não se reduziria mais ao registro da consciência. Além disso, o aparelho psíquico fundado no inconsciente não seria um epifenômeno e um derivado da anatomia e da fisiologia do sistema nervoso central, de maneira que o discurso freudiano realizava uma ruptura significativa com a tradição da medicina científica e se voltava para a tradição popular.

IV. Do aparelho da linguagem ao aparelho psíquico

Porém, já num outro ensaio que é também inicial mas anterior no seu percurso teórico, intitulado justamente "Tratamento psíquico" e publicado em 1891(b), Freud indicava a sua diferença teórica com o cientificismo e com o positivismo presentes no discurso da medicina moderna. Sob o nome de tratamento psíquico Freud se referia aqui à importância fundamental da *linguagem* na terapêutica das diferentes enfermidades, sejam estas somáticas sejam estas mentais. Ao destacar o campo do discurso como o foco privilegiado para o tratamento psíquico, com efeito, o discurso freudiano realizava já a crítica de que o psiquismo não se identificava efetivamente com o campo da consciência e do eu.

Além disso, o discurso freudiano empreendia também a crítica do paradigma positivista, presente no discurso da medicina científica, enunciando como ao longo de sua história, anterior ao século XIX, a medicina se centrava em práticas discursivas com fins terapêuticos. Foi com a emergência histórica da medicina científica, portanto, que teria se produzido um deslocamento na história da medicina, que retirou o privilégio outrora conferido às práticas linguageiras e passou a valorar as práticas centradas na *objetivação* da enfermidade, numa perspectiva anatomoclínica (1981b).

No mesmo comprimento de onda discursiva, Freud alude ainda às práticas populares e religiosas para a terapêutica de diversas enfermidades, fazendo alusão às que se realizavam em santuários religiosos, como Lourdes, para colocar a ênfase no poder terapêutico da figura do médico e do discurso (1891b). Estas práticas populares e religiosas foram também recenseadas por Janet, discípulo de Charcot, que publicou uma obra importante sobre isso intitulada *Medicações psicológicas* (Janet, 1919). Enfim, tudo isso coloca em evidência como o discurso freudiano criticava novamente a dita medicina científica.

Foi ainda neste mesmo contexto teórico e histórico que Freud escreveu a sua obra intitulada *Contribuição à concepção das afasias*, que foi publicada também em 1891(a). O que estava em pauta aqui era ainda a sua crítica de uma leitura do psíquico no qual esse se identificava com os registros da consciência e do eu, por um lado, e no qual aquela seria uma derivação direta do funcionamento do sistema nervoso, pelo outro. Nesta perspectiva, criticou não apenas a totalidade do discurso neurológico sobre as afasias como também formulou a sua primeira versão do campo psíquico, que foi concebido como *aparelho de linguagem* (ibid.). Enfim, o discurso freudiano transformou o conceito do *aparelho da alma*, enunciado por Meynert, em aparelho de linguagem.

Assim, o ensaio sobre as afasias foi a contrapartida teórica do ensaio clínico sobre o tratamento psíquico, face e verso que seriam de uma mesma problemática, qual seja, de que o psiquismo seria um aparelho de linguagem. Por isso mesmo, o tratamento psíquico deveria ser centrado no discurso, como ocorreu ao longo da história da medicina, antes do advento da medicina científica que passou a objetivar o ser da enfermidade. Não foi um acaso, enfim, que os dois ensaios em questão foram publicados simultaneamente.

Porém, em "Projeto de uma psicologia científica", escrito em 1895(b) e jamais publicado por Freud, este enunciou que o aparelho psíquico não seria apenas um aparelho de linguagem, pois no psiquismo a linguagem seria atravessada por *intensidades*. Portanto, se a linguagem seria a *condição necessária* do psiquismo, não seria, contudo, a *condição suficiente*, pois seria preciso colocar também em destaque a dimensão intensiva do psiquismo. Nesta perspectiva, linguagem e intensidade seriam as duas *bordas* constitutivas do aparelho psíquico; a intensidade condensaria a dimensão do *desejo* que estaria sempre presente no psiquismo, na medida em que esse se abriria decididamente para a *periferia interna* e não apenas para a *periferia externa*. Vale dizer, pela intensidade e pelo desejo, oriundos da periferia interna do aparelho psíquico, este estaria imerso no registro do *corpo* (ibid.).

Assim, neste outro modelo do aparelho psíquico, o que estaria em pauta seria o domínio das intensidades, de maneira que *regular* essas e constituir *traços* psíquicos seriam as finalidades básicas do dito aparelho. Enfim, o psiquismo seria um aparelho de *captura* de intensidades e de *canalização* destas, de forma que a linguagem se inscreveria no campo deste sistema de captura, produzindo traços.

Esta dimensão intensiva do aparelho psíquico foi articulada por Freud à *economia do prazer*, na qual se inscreveria o campo do desejo. Assim, buscar o prazer e evitar o desprazer seriam as finalidades do aparelho psíquico, de forma que esse seria regulado pelo *princípio do prazer*.

Esta proposição foi enunciada inicialmente por Freud no "Projeto de uma psicologia científica" (1895b) e posteriormente desenvolvida em *A interpretação dos sonhos* (1900). Ao lado disso, nos *Três ensaios sobre a teoria da sexualidade*, que foi publicado em 1905c, a dimensão intensiva do psiquismo foi articulada à *sexualidade perverso-polimorfa*, que foi denominada também por Freud como *sexualidade infantil*. Vale dizer, o corpo representado da histeria foi inscrito agora na economia do erotismo e do desejo, de maneira que o corpo seria sempre imantado pelo erotismo e não se reduziria jamais à dimensão da anatomofisiologia do organismo.

Portanto, a intensidade agora se articularia com a dimensão pulsional do psiquismo, que seria então o outro do aparelho de linguagem, pela abertura do aparelho psíquico para o registro do corpo. Entre os registros da *pulsão* e da linguagem, no entanto, o discurso freudiano inscreveu o registro do *fantasma*, que direcionaria o polo pulsional do aparelho psíquico com vistas à *experiência da satisfação* e à *realização do desejo* (Freud, 1905c).

A pulsão, o fantasma e a linguagem seriam então, com a constituição do discurso freudiano, os três registros fundamentais do aparelho psíquico pelos quais seriam forjados o *corpo erógeno* e o *corpo simbólico*, que não se identificariam jamais com o corpo anatômico. Foi por este viés então que o discurso psicanalítico criticou o discurso positivista da medicina, forjando outras dimensões da corporeidade que seriam irredutíveis ao corpo somático.

Pode-se afirmar, portanto, que o percurso teórico do discurso freudiano se pautou pela crítica sistemática do discurso da medicina científica pelo viés de realizar o que estava presente no imaginário popular e dar a esse um outro direcionamento com a constituição da psicanálise. Foi em decorrência da presença crucial desta problemática ao longo do discurso freudiano que, em 1923, Freud retomou a oposição entre imaginário popular e imaginário científico num ensaio intitulado “Uma neurose demoníaca do século XVII”.

Neste ensaio (1923), Freud aproximou novamente a psicanálise da tradição popular e criticou a tradição da medicina científica, ao enunciar que a teoria demonológica da loucura, forjada na Idade Média, tinha razão, face à teoria da medicina científica, ao afirmar que a loucura seria o efeito da possessão diabólica sobre o sujeito e não seria então decorrente de processos anatomofisiológicos, pelos quais o sujeito seria então objetivado. Porém para a psicanálise tais possessões diabólicas seriam produzidas no registro do fantasma (ibid.), na leitura secularizada da possessão que foi realizada pelo discurso freudiano. Enfim, a crítica do discurso da medicina científica continuou ainda presente no discurso freudiano posterior, evidenciando como tal problemática seria constitutiva da psicanálise.

V. Do reflexo ao descentramento do sujeito

Se tudo que coloquei em destaque até agora indica efetivamente a ruptura radical realizada pelo discurso freudiano com o discurso da medicina, pela crítica sistemática que foi empreendida ao modelo da anatomoclínica e pelo elogio correlato das práticas médicas pré-modernas centradas na linguagem, em contrapartida, a interlocução da psicanálise com a medicina também existiu no tempo de sua emergência histórica. Com efeito, a descontinuidade se articulou silenciosamente aqui com a continuidade, de maneira que é preciso retirar agora a continuidade do registro do silêncio, dando-lhe então voz e corpo para aquilatar a contribuição efetiva da medicina na constituição do discurso freudiano.

Assim, não se pode subestimar a importância histórica que tiveram as *pesquisas sobre o sistema nervoso central*, ao longo do século XIX, na constituição da psicanálise, assim como a contribuição do *discurso neurológico*. Num ensaio célebre, publicado nos anos 20, Binswanger (1970) já indicava a dívida teórica de Freud com a tradição neurológica. No entanto, a obra de Gauchet sobre *O inconsciente cerebral* (1992), dos anos 1990, nos indica outras pistas para que se possa destacar isso agora de maneira indireta.

No que tange a isso, é preciso evocar que a constituição do conceito de *reflexo*, na viragem do século XVIII para o século XIX (Canguilhem, 1977), teve o efeito radical de promover a desconstrução do modelo do psiquismo centrado nos registros do eu e da consciência. Este modelo do psíquico foi constituído na filosofia de Descartes e fundado no *cogito*, pelo qual a existência do sujeito supunha primordialmente o registro do pensamento. Enfim, pelo enunciado "penso, logo sou", este modelo do psíquico foi constitutivo da tradição da filosofia do sujeito, centrada no eu e na consciência (Descartes, 1641).

Contudo, com a invenção do conceito de reflexo e a consequente leitura sobre a constituição hierárquica do sistema nervoso, em diferentes níveis e sistemas interdependentes de regulação funcional, a tese do psíquico centrada nos registros do eu e da consciência se tornou impossível de ser sustentada. Vale dizer, sem esta inovação conceitual do discurso da neuroanatomia e da neurosifiologia, pela qual o conceito de reflexo ocupou uma posição primordial, a tese do *descentramento* do sujeito em relação aos registros da consciência e do eu teria sido impossível de ser formulada.

Assim, desde a sistematização teórica, experimental e clínica do conceito de reflexo, no início do século XIX, a tradição neurobiológica começou a descrever o sistema nervoso a partir do *esquema elementar* do reflexo. Com isso, as funções nobres do mundo moral, como o eu, o pensamento e a vontade, passaram a ser concebidas como derivações do esquema elementar do reflexo (Gauchet, 1992). De Griesinger a Charcot, passando por Meynert, as funções mentais superiores passaram a ser sistematicamente lidas como desdobramentos do funcionamento reflexo (ibid.).

Nesta perspectiva, Nietzsche se apropriou desta tradição neurobiológica para enunciar o descentramento do psíquico dos registros do eu e da consciência, ao inscrever o mundo psíquico no campo fragmentado do reflexo, que seria também marcado pela multiplicidade (Gauchet, 1992). Ao lado disso, Paul Valery – literato e ensaísta francês que se interessava vivamente pelas inovações científicas no campo do psíquico – escrevia nos seus *Cahiers* as novas possibilidades de leitura do psiquismo entreabertas pelo novo conceito de reflexo (ibid.).

A leitura do neurologista inglês Jackson sobre a hierarquia anatômica e funcional do sistema nervoso, hierarquia essa concebida num modelo evolutivo e ontogenético, ofereceu à clínica neurológica um modelo funcional do sistema nervoso centrado na oposição *evolução/involução* (Nassif, 1977). Assim, segundo as coordenadas desse modelo que seguia as linhas de força do nível mais elementar ao mais complexo, numa lógica fundamentalmente evolutiva, pela qual o aparelho neurológico ultrapassava os níveis mais elementares de organização em direção aos níveis mais complexos e na qual esses seriam mais frágeis que aqueles. Com isso, a tese do descentramento já se enunciava tanto na saúde quanto na doença, na medida em que nessa o domínio dos níveis superiores sobre os inferiores poderia se perder efetivamente, numa lógica agora marcadamente involutiva (ibid.).

É claro que o discurso freudiano se apropriou decisivamente desta recente tradição neurobiológica, mas a transformou radicalmente. Assim, o modelo teórico de Jackson foi transformado no modelo do aparelho psíquico, regulado pelo princípio do prazer. Com efeito, a oposição evolução/involução foi transformada na oposição *progressão/regressão*, que seria então regulada dinamicamente pelo princípio do prazer e pelo imperativo do desejo (Freud, 1900). Vale dizer, o discurso freudiano transformou a leitura evolutiva do sistema neurobiológico numa leitura *histórica* do aparelho psíquico (Foucault, 1954), no qual os registros da pulsão, do fantasma e da linguagem se inscreveriam. Além disso, o correlato desta leitura histórica foi uma leitura *hermenêutica* do psiquismo, na qual o registro da *interpretação* se conjugaria com o da história (ibid.).

Porém, para que esta transformação positiva fosse teoricamente possível, foi necessário o trabalho prévio do *negativo*, pelo qual a desconstrução do modelo cartesiano do psiquismo pudesse ser então possível, descentrando então o psiquismo dos registros do eu e da consciência. Enfim, o descentramento do psíquico destes registros e o enunciado decisivo do *inconsciente* como fundamento do psiquismo pressupunham a desconstrução do lugar privilegiado conferido à consciência no sistema nervoso e o valor axial conferido ao conceito elementar do reflexo.

VI. Voluntário, involuntário e discurso

Ao lado disso, no registro agora eminentemente *clínico,* não se pode esquecer o impacto decisivo que teve o modelo neurológico para a desestabilização do modelo anatomoclínico então dominante na tradição da medicina científica. Como foi que isso aconteceu, afinal das contas? De que maneira o modelo clínico oriundo do discurso da neurologia se conjugou com o novo modelo da neurobiologia, cujos efeitos *teóricos* colocamos acima em destaque?

Assim, no curso intitulado "O poder psiquiátrico" e realizado no *Collège de France* em 1974, Foucault indicou como no modelo anatomoclínico o exame do doente não implicava a participação *ativa* desse no ato médico. Com efeito, o enfermo oferecia o seu corpo, de maneira eminentemente *passiva,* para ser examinado pelo médico, que o palpava, o auscultava e examinava ainda os dados laboratoriais, assim como fazia a autópsia de seu cadáver após a sua morte. Enfim, a única atividade do enfermo no ato médico era a sua *queixa*, isto é, aquilo que o teria conduzido à consulta e ao exame (Foucault, 2003).

Com o exame neurológico, no entanto, a figura do doente passou a ser ativamente solicitada pela figura do médico. Assim, sem a participação ativa e direta da figura do enfermo o exame não seria possível, de forma que para examinar devidamente o registro *involuntário* do reflexo necessária seria a participação *voluntária* do paciente. Desta maneira, deslocando-se da posição passiva para a ativa, os enfermos passaram a resistir ao exame médico, não mais se ofertando ao clínico sem reserva (Foucault, 2003). Foi neste contexto, contudo, que a problemática da histeria se constituiu na tradição neurológica, evidenciando a *resistência* dos enfermos ao *poder médico*, desafiando assim os enfermos o paradigma anatomoclínico e o seu correlato, isto é, a lesão como signo material da doença. Enfim, por conta disso a figura da histeria foi identificada com a simulação pelo poder médico.

É claro que Freud revirou de ponta-cabeça a leitura da histeria que herdou da tradição neurológica através de Charcot, Bernheim e Breuer. Porém a sua condição concreta de possibilidade foi a transformação das coordenadas do exame clínico pela introdução da oposição voluntário/involuntário, pelo discurso neurológico. Portanto, a subversão teórica que o discurso freudiano empreendeu no campo desse discurso foi decorrente dos *destinos novos* que delineou para a problemática do voluntário/involuntário constituído na prática clínica da neurologia.

Assim, precisar necessariamente da dimensão voluntária do sujeito para poder então examinar meticulosamente a dimensão reflexa do involuntário supõe, pois, a convocação direta e ativa do enfermo no ato clínico. Com isso, a relação médico-paciente passou a se estabelecer em outras bases, se impondo necessariamente nessa relação a dimensão do *diálogo* e do *discurso*. Se essa dimensão já existia no ato clínico anterior de maneira reduzida, restrita ao registro da queixa do paciente, ela se incrementou e se estendeu mais ainda no novo contexto clínico da neurologia.

Foi em decorrência disso que Lacan pôde formular, no início do seu percurso teórico, em "Além do princípio de realidade" (1936), que a psicanálise teria que se constituir no campo da medicina e não no da psicologia, pois naquela a figura do médico teria que acolher a queixa e o sofrimento da figura do enfermo no ato clínico, o que não ocorria no exame psicológico das faculdades, realizado pela psicologia. Vale dizer, enquanto que na medicina o sujeito seria direta e ativamente convocado no ato clínico, podendo então expressar a sua dor, no exame das faculdades, realizado no laboratório de psicologia experimental, não existiria a presença do sujeito e esse estaria colocado num estado de suspensão.

Assim, é preciso destacar como a oposição voluntário/involuntário foi o eixo fundamental que norteou as práticas terapêuticas da hipnose e da sugestão. Com efeito, Charcot e Bernheim precisavam colocar em estado de suspensão a dimensão voluntária do sujeito, após convocá-la ativamente, no ato da hipnose, para poder então desarticular a dimensão involuntária, que estaria na base da produção dos sintomas da histeria. A desarticulação em pauta supunha o redirecionamento do registro do involuntário, que passaria a ser regulado pelo poder e pela vontade da figura do médico, que aboliria então os sintomas do paciente. No entanto, a prática terapêutica em questão se centrava inteiramente nos efeitos da palavra e do poder da figura do médico ao mesmo tempo.

Portanto, não obstante as suas diferentes leituras sobre a histeria – Charcot supondo a existência de uma lesão funcional que seria futuramente localizável pelo método anatomoclínico, com o progresso da técnica (Charcot, 1979), Bernheim supondo, em contrapartida, que a histeria seria produzida por autossugestão face à qual o médico deveria contrassugestionar o enfermo para suspender a autossugestão originária (Berheim, 1913) –, Charcot e Bernheim fundaram as suas práticas terapêuticas sobre o efeito da palavra do médico, mas nessas o discurso do clínico pressupunha efetivamente o *poder* desse, que se fundaria na sua *influência* sobre o enfermo, na medida em que esse queria se desembaraçar do mal que lhe afligia.

Charcot e Bernheim retomaram então o que existia de fundamental nas práticas clínicas realizadas por Mesmer (1971), que se transformaram num grande espetáculo mundano, no contexto da França pré-revolucionária e pós-revolucionária, no final do século XVIII (Rausky, 1977), mas que foram em seguida interditadas pela Academia de Ciências por não serem cientificamente fundamentadas (ibid.). Mesmer foi assim acusado de charlatanismo. Por conta disso, as práticas hipnótica e sugestiva foram colocadas sob suspeita ao longo do século XIX (Barrucand, 1967), até que Charcot, com sua autoridade científica indiscutível, as retirou do limbo em que se encontravam.

O que se introduziu com a prática clínica de Mesmer foi a mediação da água e do ímã na relação terapêutica estabelecida entre as figuras do médico e do paciente. A utilização do ímã potencializava o efeito do poder do médico sobre o doente pela dimensão *mágica* investida no ímã. Daí porque tal prática terapêutica foi denominada de *magnetismo animal* (Mesmer, 1971). O que se introduziu com Charcot e Bernheim foi a mediação incisiva do discurso no dispositivo terapêutico, o que incrementou decisivamente o poder condensado na figura do médico.

VII. Da hipnose à experiência psicanalítica

Sabe-se que Freud iniciou o seu percurso teórico e clínico sobre a histeria pelas práticas hipnótica e sugestiva. Podemos seguir a sua saga constitutiva da psicanálise nas diversas narrativas clínicas que forjou e que foram publicadas nos *Estudos sobre a histeria*, livro publicado em 1895 em colaboração com Breuer. Neste contexto, pode-se depreender como Freud foi se depurando progressivamente daquelas práticas terapêuticas, para instituir finalmente a experiência psicanalítica centrada inteiramente no discurso. Isso porque os seus pacientes resistiram ao método da pressão e da sugestão empreendido ativamente por Freud, de forma que para esse restou apenas a experiência clínica centrada na palavra.

Por conta disso, Freud pôde empreender sistematicamente a crítica teórica dos discursos de Charcot e Bernheim ao mesmo tempo. Se face a este Freud não poderia crer que não houvesse qualquer *marca* presente na histeria mas apenas a autossugestão no seu vazio (Freud, 1888), face a Charcot não poderia crer que tal marca fosse uma lesão funcional (Freud, 1893). Portanto, o discurso freudiano rompeu aqui decisivamente com o discurso de anatomoclínica pelo enunciado de proposição de que a dita marca seria um *traço* psíquico que teria se forjado na experiência e na história do sujeito.

O pressuposto inicial de Freud foi de que tal traço teria se constituído por uma experiência *traumática* de *sedução sexual* na infância do sujeito que, como causa, seria ativada na adolescência desse, quando o sujeito teria se deslocado de uma posição pré-sexual para uma outra que seria decididamente sexual (Freud, 1906). Os sintomas histéricos e neuróticos seriam então produções psíquicas fundadas nestas marcas eminentemente traumáticas e de base especificamente sexual.

Porém, para enunciar definitivamente a sua formulação teórica e constituir o discurso psicanalítico, Freud teve ainda que marcar a sua diferença para com um terceiro mestre, Breuer. O que se realizou ao criticar o conceito de histeria hipnoide por este formulado (Freud e Breuer, 1895) e enunciar o conceito de histeria de defesa, fundado na dita etiologia sexual. Esta passagem teórica decisiva se realizou entre 1894 e 1896 entre os ensaios denominados "As psiconeuroses de defesa" (1894) e "Novos comentários sobre as psiconeuroses de defesa" (1896). Desde então, portanto, o discurso freudiano passou a conceber a histeria e as demais psiconeuroses como construções psíquicas centradas em defesas contra a sedução sexual e o trauma disso decorrente.

No entanto, quando Freud deixou cair a teoria da sedução pela crítica dessa e formulou a teoria do fantasma para as psiconeuroses – quando disse então para Fliess decisivamente que não acreditava mais na sua neurótica (1887-1902) –, passou a também interpretar a construção psíquica das psiconeuroses como fundada nos fantasmas sexuais de seus pacientes (Freud, 1900) e na sexualidade infantil (Freud, 1905c).

Enfim, os traços ditos psíquicos seriam então as condensações efetivas dos fantasmas e da sexualidade infantil.

Portanto, o registro psíquico do inconsciente, forjado pelas pulsões sexuais e pelos fantasmas, seriam os traços que dariam desde então forma e corpo à problemática do involuntário, constituída na tradição neurológica e neurobiológica. Não resta qualquer dúvida de que o discurso freudiano deu aqui o pulo do gato epistemológico, mas o gato teve que se defrontar decisivamente com a problemática da transferência, na qual se condensava uma outra problemática, qual seja, a do poder do médico sobre o paciente no ato clínico.

VIII. Poder, amor e resistência

Assim, o fantasma do poder médico continuava a acossar Freud com a construção do dispositivo analítico, com a eclosão da experiência da transferência. Com efeito, a figura do analisante não conseguia manter a experiência psicanalítica somente no registro do discurso pelo estabelecimento da regra fundamental da livre associação, na medida em que a intensidade erótica se inscrevia na cena analítica pelo viés da transferência (Freud e Breuer, 1895).

Porém, se a transferência foi identificada inicialmente com a ideia da *resistência* (Freud e Breuer, 1895), Freud teve logo que se valer da transferência e reconhecer o seu poder efetivo na experiência analítica. O fracasso na análise de Dora, descrito no "Fragmento de uma análise de histeria" (1905a), delineou efetivamente o novo rumo que foi seguido por Freud desde 1905.

No entanto, a leitura atenta do conjunto de ensaios sobre a técnica psicanalítica (Freud, 1972) indica como Freud tentou se desvencilhar da presença dos núcleos hipnótico e sugestivo presentes na experiência analítica. Com efeito, o argumento fundamental forjado por Freud era de que indubitavelmente a transferência seria o que fundaria a potência terapêutica presente na hipnose e na sugestão, mas que, em contrapartida, diferentemente destas práticas terapêuticas, a psicanálise analisaria também a transferência, se libertando assim de seu poder sugestivo e relativizando assim o poder da figura do analista na experiência psicanalítica.

Não obstante isso, essa mesma problemática continuou a assediar o discurso freudiano, pois ela insistia, na medida em que Freud começou a aproximar decisivamente as questões do poder do médico e do poder do analista com a da *soberania política* propriamente dita. Com efeito, em "Psicologia das massas e análise do eu", ensaio publicado em 1921, o discurso freudiano retomou a equivalência já estabelecida entre hipnose, sugestão e transferência, enunciando agora o termo da série que estava até então oculto, isto é, o poder.

Assim, o polo do poder se constituiria pela transferência da massa sobre a figura do líder, que, ao mesmo tempo, fascinaria e organizaria a massa pelo seu carisma. Porém, no mesmo processo pela qual a massa enalteceria a figura do chefe ela se tornaria submissa e subalterna à figura desse, de forma a perder, cada indivíduo componente da massa, a sua *singularidade* e *diferença* subjetivas. Vale dizer, metapsicologicamente falando, as individualidades inscritas na massa se deslocariam do polo do ideal do eu para o do eu ideal (Freud, 1921).

Nesta perspectiva, o poder do chefe se fundaria na relação de amor das massas para com esse, de maneira que a hipnose, a sugestão e a transferência se baseariam no poder do *amor*. Portanto, o discurso freudiano se encontrou aqui com a dimensão platônica presente no seu discurso teórico e que apontaria para o limite desse, na medida em que a figura do poder fundado na potência do amor provocaria a perda da diferença subjetiva nas individualidades, que assim se massificariam. Enfim, o fundamento psíquico de qualquer modalidade de dominação e de poder, sejam esses médicos, psicanalíticos ou políticos, estaria no amor.

Porém, se Aristóteles, em a *Política* (Aristóteles, 1993), empreendeu a crítica do modelo do poder fundado no amor, presente na filosofia de Platão, Freud realizou a crítica da concepção do poder identificado com o amor pela invenção da *pulsão de morte*. Com efeito, como potência de dissociação e de desarticulação das unidades e conjuntos forjados pela *pulsão de vida* (Freud, 1920), a pulsão de morte neutralizaria e colocaria em estado de suspensão a soberania do poder fundada no amor.

Assim, já na "Psicologia das massas e análise do eu" (1921), Freud afirmava, evocando agora Schopenhauer, que cada homem seria como o porco-espinho, já que não podia ficar muito próximo dos demais homens pois se repeliriam, de maneira que teria que ficar a uma certa distância necessária para poder então conviver relativamente bem com os demais. Vale dizer, a proximidade excessiva promovida pela potência do amor seria sufocante para o humano, de forma que o sujeito teria que repelir o outro para manter a sua condição de sujeito pela ação da potência da pulsão de morte.

Retomando, então, a metáfora da massa na sua relação submissa à figura do chefe e do soberano, Freud (1921) pôde enunciar assim que o homem seria um *animal de horda* e não um *animal de massa*, pela repulsa que realizava do outro para não ser engolido e emasculado pela potência do amor. Foi por conta disso, enfim, que o discurso freudiano enunciou o conceito de *narcisismo das pequenas diferenças* para dar conta da desconstrução da potência do amor/poder realizada pela pulsão de morte.

Portanto, foi para conceber esta possível desconstrução do poder/amor, realizada pelo sujeito, que o discurso freudiano enunciou o conceito de *compulsão à repetição,* em "Além do princípio do prazer" (Freud, 1920), pela qual a pulsão de morte daria um limite à pulsão de vida, de forma a colocar em suspensão o poder fundado no amor. Com isso, o sujeito se afirmaria e se enunciaria pela potência da repetição, ao neutralizar o fascínio mortífero do amor e do poder, que fatalmente o assujeitaria.

No entanto, se a transferência poderia ser relançada e redirecionada pelo viés da repetição, enfatizando a singularidade e a diferença do sujeito face ao poder/amor, a nova hipótese teórica do discurso freudiano se articula agora com uma outra dimensão do discurso da medicina moderna, qual seja, a articulação do sujeito com a problemática da *finitude,* pela mediação da questão da morte. Seria, assim, pelo viés do *sujeito da finitude* que a singularidade e a diferença do sujeito se afirmariam face ao poder do amor.

IX. Sujeito da finitude, morte e repetição

Por este viés inesperado podemos apreender agora um outro liame tecido entre o discurso freudiano e a medicina, pelo qual a constituição do sujeito da finitude, pela mediação efetiva da problemática da morte, configura a dimensão *trágica* do sujeito em questão. Os conceitos de pulsão de morte e de compulsão à repetição delineariam esta marca trágica na condição do sujeito, no último Freud, que teria na finitude o seu Outro, frente e verso que seriam então da mesma problemática.

Assim, na perspectiva entreaberta por Foucault, em *As palavras e as coisas* (1966), a modernidade se constituiria pela constituição da *analítica da finitude*. Se esta problemática foi constituída na filosofia de Kant (ibid.), foi sem dúvida Heidegger quem colocou a ênfase nesse ponto na sua obra *Kant e o problema da metafísica* (1953). Foi essa analítica da finitude que colocou justamente em questão a tradição da filosofia do sujeito, inaugurada por Descartes (1641), que conferiu primazia aos registros do eu e da consciência na leitura do sujeito.

Nesta perspectiva, a importância crucial da psicanálise e da antropologia estrutural foi a de promover o *descentramento* do sujeito dos registros do eu e da consciência, inscrevendo-se assim na tradição teórica da analítica da finitude (Foucault, 1966). Por conta disso, tais discursos teóricos colocaram em questão as ciências humanas de maneira rigorosa e vigorosa pela posição estratégica ocupada pelo inconsciente nestes discursos.

Porém foi este mesmo sujeito definido pela finitude e articulado pelo limite definido pela morte que foi também inaugurado pela medicina clínica na modernidade com a constituição dos discursos da anatomopatologia e da anatomoclínica. Na leitura enunciada por Foucault, em *Nascimento da clínica* (1963), a articulação promovida entre os registros da enfermidade e da morte no discurso da anatomoclínica delineou o sujeito da finitude, que foi retomado decisivamente pelo discurso freudiano quando articulou os registros do sujeito, da morte e da compulsão à repetição.

Se tal articulação entre os registros da morte e da enfermidade, no discurso da medicina, se inscreve na linhagem teórica da articulação entre sujeito e pulsão de morte, no discurso freudiano isso se deve à assunção efetiva nesse, desde o "Além do princípio do prazer", de uma leitura *mortalista* da vida e não mais *vitalista*, tal como essa era dominante naquele discurso antes da viragem dos anos 1920.

Assim, se no início do seu percurso teórico o princípio do prazer era fundante do aparelho psíquico e a sexualidade era identificada com a afirmação imediata da vida (Freud, 1895b, 1900), Freud se guiava decididamente pelos cânones da biologia vitalista. Seu modelo teórico era a *fisiologia* de Claude Bernard (Freud, 1900) e a sexualidade regulava normativamente a vida, para nos valermos do conceito de *normatividade vital* enunciado por Canguilhem (1966). Vale dizer, o discurso freudiano se direcionava decididamente por uma concepção homeostática da vida pela via do registro da sexualidade.

No entanto, em "Além do princípio do prazer" (1920) e pelo enunciado do conceito de pulsão de morte, o discurso freudiano passou a se pautar pelo discurso teórico de Bichat, no qual a morte teria a primazia sobre a vida e essa teria que dominar a morte para tornar então a vida possível. Com efeito, como enunciou Bichat numa formulação concisa, "a vida é o conjunto de forças que lutam contra a morte", no qual essa seria assim efetivamente originária (Bichat, 1822). Vale dizer, o discurso freudiano se tornou mortalista, assumindo a *anatomia* como referência teórica, contrapondo-se ao da fisiologia que o orientara anteriormente.

Como isso se realizou no interior do discurso freudiano? Com o enunciado do conceito de pulsão de morte, este discurso formulou a existência do *além do princípio do prazer* como sendo originário e não mais o princípio do prazer, como no início de seu percurso teórico. Por isso mesmo, Freud pôde formular literalmente, no ensaio "O problema econômico do masoquismo", publicado em 1924, que "errou" ao colocar o princípio do prazer como originário, que o descartaria decididamente agora desta posição, ao colocar o *princípio do nirvana* como originário.

Assim, o dito princípio do nirvana foi a retomada literal do *princípio da inércia* que foi descartado pelo discurso freudiano logo no início do "Projeto de uma psicologia científica" (1895b), pois se o princípio da inércia fosse primordial a vida seria então impossível. Portanto, Freud descartou este princípio em nome da leitura vitalista da vida, transformando o princípio da inércia em *princípio da constância*, que seria o correlato do princípio do prazer. Foi essa reversão teórica crucial, conferindo posteriormente a primazia ao princípio do nirvana, o que teria conduzido o discurso freudiano em direção ao sujeito da finitude, no qual a pulsão de morte e a compulsão à repetição delineariam a dimensão trágica assumida agora pelo sujeito em psicanálise. Enfim, foi por este viés que a articulação entre o discurso freudiano e a medicina teceu uma outra interlocução fundamental, que deve ser retirada agora também do registro do silêncio.

Referências bibliográficas

Althusser, L. (1964). Freud et Lacan. In: Althusser, L. *Positions.* Paris: Sociales, 1976.

Althusser, L. (1969). *Lénine et la philosophie.* Paris: Maspero, 1969.

Aristote. (1993). *Politique.* Paris: Gallimard, 1993.

Bachelard, G. (1975). *La formation de l'esprit scientifique.* Paris: Vrin.

Barrucand, D. (1967). *Histoire de l'hypnose en France.* Paris: PUF.

Bernheim, M. (1913). *L'hysterie. Definition et conception. Pathogenie. Traitement.* Paris: O. Doin et fils.

Bichat, X. (1822). *Recherches physiologiques sur la vie et la mort.* Paris: Flammarion, 1994.

Binswanger, L. (1970). *Discours, parcours et Freud.* Paris: Gallimard.

Canguilhem, G. (1966). *Le normal et le pathologique.* Paris: PUF.

Canguilhem, G. (1968). L'objet de l'histoire des sciences. In: Canguilhem, G. *Études d'Histoire et de Philosophie des sciences.* Paris: Vrin.

Canguilhem, G. (1977). *La formation du concept de réflexe au XVIIème-XVIIIème siècles.* Paris: Vrin.

Castel, R. (1973). *Le psychanalysme.* Paris: Maspéro.

Charcot, J. M. (1979). *L'hystérie.* Toulouse: Privat.

Descartes, R. (1641). Méditation. Objections et réponses. In: *Oeuvres et lettres de Descartes.* Paris: Gallimard (Pléiade), 1949.

Foucault, M. (1954). *Maladie mentale et psychologie.* Paris: PUF.

Foucault, M. (1961). *Histoire de la folie à l'âge classique.* Paris, Gallimard, 1972.

Foucault, M. (1963). *Naissance de la clinique.* Une archéologie du regard medical. Paris: PUF.

Foucault, M. (1966). *Les mots et les choses.* Paris: Gallimard.

Foucault, M. (1969a). Qu'est-ce qu'un auteur? In: Foucault, M. *Dits et écrits.* Volume I. Paris: Gallimard, 1994.

Foucault, M. (1969b). *Archéologie du savoir.* Paris: Gallimard.

Foucault, M. (2003). *Le pouvoir psychiatrique.* Cours au Collège de France 1974-1975. Paris: Gallimard/Seuil/EHESS.

Freud, S. (1888). Preface to the translation of Bernheim's suggestion. In: *The Standard Edition of the Complete Psychological works of Sigmund Freud.* Volume I. Londres: Hogarth Press, 1978.

Freud, S. (1891a). *Contribution à la conception des aphasies.* Paris: PUF, 1989.

Freud, S. (1891b). Traitement psychique. In: Freud, S. *Résultats, idées, problèmes.* (1890-1920). Volume I. Paris: PUF, 1984.

Freud, S. (1893). Charcot. In: *The Standard Edition of the Complete Psychological works of Sigmund Freud.* Volume I. Londres: Hogarth Press, 1978.

Freud, S. (1893-1897). Some points for a comparative study of organic and hysterical motor paralyses. In: *The Standard Edition of the Complete Psychological works of Sigmund Freud.* Volume I. Londres: Hogarth Press, 1978.

Freud, S. (1894). Les psychonévroses de défense. In: Freud, S. *Névrose, psychose et perversion.* Paris: PUF, 1973.

Freud, S. (1895a). Psychothérapie de l'hystérie. In: Freud, S., Breuer, J. *Études sur l'hystérie.* Paris: PUF, 1971.

Freud, S. (1895b). Esquisse d'une psychologie scientifique. In: Freud, S. *La naissance de la psychanalyse.* Paris: PUF, 1973.

Freud, S. (1896). Nouvelles remarques sur les psychonévroses de défense. In: Freud, S. *Névrose, psychose et perversion.* Paris: PUF, 1973.

Freud, S. (1887-1902). Lettres à Wilhem Fliess, Notes et Plans. In: Freud, S. *La naissance de la psychanalyse.* Paris: PUF, 1973.

Freud, S. (1900). *L'interprétation des rêves.* Paris: PUF, 1976.

Freud, S. (1901). *Psychopathologie de la vie quotidienne.* Paris: Payot, 1973.

Freud, S. (1905a). Fragment d'une analyse d'hysterie. In: Freud, S. *Cinq psychanalyses.* Paris: PUF, 1975.

Freud, S. (1905b). *Le mot d'esprit et sa relation à l'inconscient.* Paris: Gallimard, 1969.

Freud, S. (1905c). *Trois essais sur la théorie de la sexualité.* Paris: Gallimard, 1962.

Freud, S. (1906). L'étiologie de l'hystérie. In: Freud, S. *Névrose, psychose et perversion.* Paris: PUF, 1973.

Freud, S. (1907). *Delire et rêves dans la Gradive de Jensen.* Paris: Gallimard, 1949.

Freud, S. (1911). Remarques psychanalytiques sur l'autobiographie d'un cas de *paranoïa* (Dementia paranoides) (Le President Schreber). In: Freud, S. *Cinq psychanalyses.* Paris: PUF, 1978.

Freud, S. (1920). Au-delà du principe de plaisir. In: Freud, S. *Essais de psychanalyse.* Paris: Payot, 1921.

Freud, S. (1921). Psychologie des foules et analyse du moi. In: Freud, S. *Essais de psychanalyse.* Paris: Payot, 1921.

Freud, S. (1923). Une névrose démoniaque au XVIIème siècle. In: Freud, S. *Essais de psychanalyse.* Paris: Payot, 1981.

Freud, S. (1924). Le problème économique du masochisme. In: Freud, S. *Névrose, psychose et perversion.* Paris: PUF, 1973.

Freud, S. (1972). *La technique psychanalytique.* Paris: PUF.

Freud, S., Breuer, J. (1895). *Études sur l'hystérie.* Paris: PUF, 1971.

Gauchet, M. (1992). *L'inconscient cerebral.* Paris: Gallimard.

Heidegger, M. (1953). *Kant et le problème de la métaphysique.* Paris: Gallimard.

Janet, P. (1919). *Médications psychologiques.* Volumes I e II. Paris: Alcan.

Lacan, J. (1936). Au-delà du principe de realité. In: Lacan, J. *Écrits*. Paris: Seuil, 1966.

Lacan, J. (1946). Propos sur la causalité psychique. In: Lacan, J. *Écrits*. Paris: Seuil, 1966.

Lacan, J. (1953). Fonction et champ de la parole et du langage en psychanalyse. In: Lacan, J. *Écrits*. Paris: Seuil, 1966.

Lacan, J. (1966). Psicoanálisis y medicina. In: Lacan, J. *Intervenciones y Textos*. Buenos Aires: Manancial, 1985.

Mesmer, F. A. (1971). *Le magnétisme animal*. Paris: Payot, 1971.

Nassif, J. (1977). *Freud: l'inconscient*. Paris: Galilée.

Rausky, F. (1977). *Mesmer et la révolution thérapeutique*. Paris: Payot.

Swain, G. (1986). A alma, a mulher, o sexo e o corpo. As metamorfoses da histeria no fim do século XIX. In: Birman, J., Nicéas, E. A. *O feminino: aproximações*. Rio de Janeiro: Campus.

O médico, o psicanalista e a histérica: a desinserção da psicanálise no discurso da medicina contemporânea

Tania Coelho dos Santos
Jésus Santiago

Modernidade e contemporaneidade: essa diferença existe?

Sobre essa distinção existe uma controvérsia. Há os que opõem a modernidade à pós-modernidade[1]. Outros defendem que existe apenas uma inflexão entre a modernidade e a hipermodernidade (Giddens, 1991). Se definimos a modernidade segundo o psicanalista Jacques Lacan (1968-1969) – como o surgimento da lógica matemática e da ciência –, temos que admitir que a contemporaneidade não poderia ser definida como pós-científica. A ciência ainda é a referência mais essencial à nossa civilização ocidental. Entretanto, precisamos considerar mais detidamente os efeitos

1 É o caso dos seguintes autores: Lyotard, J.-F. (1986), Featherstone, M. (1995), Engleton, T. (1996), Smart, B. (1993), Bauman, Z. 1997), Jameson, F. (1997), Connor, S. (1989), Harvey, D. (1989).

do surgimento de novos saberes que se apoiam na ciência mas integram dispositivos discursivos com propósitos muito distantes dela. Trata-se de saberes que nascem com objetivos essencialmente disciplinares, a serviço do ordenamento e da homogeneização do modo de vida dos diferentes extratos sociais. Podemos concebê-los como micropoderes a serviço da democratização do acesso à saúde, à educação, ao mercado de trabalho e ao consumo. Michel Foucault (1977) já os havia reconhecido e nomeado como dispositivos biopolíticos, a serviço do controle das populações.

Não podemos deixar de ponderar – quando ensaiamos construir um ponto de vista apoiado sobre a noção de contemporaneidade – a importância da diferença entre o capitalismo moderno e o contemporâneo. O primeiro surge juntamente com a industrialização e é orientado para a produção de um excesso acumulável de mercadorias. Baseado na propriedade dos meios de produção, sua finalidade é a extração da mais-valia, pois é o lucro que motiva o capitalista. O trabalhador, por sua vez, embora sua remuneração se reduza ao valor necessário para a reposição de sua força de trabalho, muitas vezes pode recompensar-se graças a uma longa carreira numa mesma empresa que lhe assegura alguma estabilidade, promoção e ascensão. No capitalismo contemporâneo, a figura do capitalista é pulverizada na multiplicidade dos investidores. O parque industrial é globalizado, sempre em busca da mão-de-obra mais barata (Kumar, 1997). A figura do trabalhador tende a ser substituída pela máquina. Torna-se o cliente das políticas de alocação de recursos humanos, amparado por seguros-desemprego, dissolvendo-se sua identidade como trabalhador, uma vez que é submetido ao máximo de flexibilização de sua carreira (Sennet, 2000). Esta última é cada vez mais desvinculada de uma trajetória, mais ou menos previsível, ligada a uma única empresa.

Para abordar as relações da psicanálise com a medicina, vamos retomar o papel da lógica matemática e do real como impossível na construção do semblante na ciência e na psicanálise, na modernidade. Cabe também contrapor os efeitos do real, em jogo na ciência e na psicanálise, ao esforço contemporâneo de produção, com o auxílio de ferramentas estatísticas, de um corpo, uma sexualidade e uma realidade de acordo com o gosto homogeneizante do ideal individualista democrático. Cabe sublinhar também o papel da indústria farmacêutica, que promete uma felicidade sem sujeito, respondendo ao sintoma psíquico com o medicamento. Na medida em que a medicina contemporânea se torna refém dessa discursividade pseudocientífica, a psicanálise afasta-se progressivamente dela.

Ciência e psicanálise

O advento da ciência, matriz da modernidade, coloca o saber do mestre antigo –isto é, a opinião, o senso comum e a realidade tal como era socialmente constituída – permanentemente em questão. Essa dialética permeia a relação das histéricas com o saber da medicina. Enquanto um sujeito dividido pelo significante mestre ($), a histérica interroga o mestre e expõe as falhas de seu saber (S_2). As histéricas mostraram que os mestres não sabiam tudo. Freud, o primeiro psicanalista, não caiu nessa armadilha. Antes dele, o saber psiquiátrico revelou-se impotente em decifrar o enigma do sintoma histérico. Uma falsa anatomia, estruturada pela linguagem, conferia sua forma às paralisias histéricas. Coube a Freud elucidar a lógica dessa falsa anatomia, revelando que o sintoma obedece às leis da linguagem e poderia ser afetado pela interpretação de seu sentido inconsciente. A satisfação que se obtém com o usufruto das funções naturais do corpo biológico não é a mesma daquela que se extrai graças à sua cifração no sintoma. Essa outra anatomia é a causa formal e material (pois diz respeito ao *objeto a, objeto* radicalmente inconsciente) de uma outra satisfação, um mais de gozar, uma mais-valia, que se extrai e se acumula à margem do funcionamento natural.

Definimos a modernidade graças ao advento da ciência. Devemos ao advento da ciência o declínio da autoridade divina e, depois, da própria autoridade paterna. O discurso hegemônico da modernidade não é mais comandado pelo significante mestre (S_1) oracular, imperativo, infundado e arbitrário da religião. O sujeito moderno, sujeito dividido ($) , assume a posição do agente. Coube a Lacan formalizar, por meio dos quatro discursos, esse laço íntimo entre a ciência e a neurose histérica que Freud teria evidenciado. Haveria um discurso hegemônico na contemporaneidade? Ou seria a contemporaneidade, ainda e apenas, uma nova versão do discurso da histérica?

Para Jacques Lacan, em seu *Seminário 16*, a contemporaneidade inaugura-se durante os acontecimentos deflagrados durante o mês de maio de 1968 em todo o mundo ocidental. Ele acredita no advento de uma nova era a partir da entrada do saber no mercado. Também prevê a dissolução do laço singular de um sujeito com o saber inconsciente, que é seu sintoma. O saber viria a ser rebaixado, ao tomar a forma homogênea do diploma universitário. O saber tornar-seia, assim, uma mercadoria que se compra e se vende. No lugar do sujeito do inconsciente, os indivíduos viriam a ser homogeneizados pela cultura de massa da sociedade da informação.

O sujeito na contemporaneidade é bombardeado por verdades precárias, mutantes, que se dissolvem no ar. Enquanto o caráter imperativo do discurso do mestre conferia um peso real às verdades, o discurso universitário, que preside a configuração contemporânea do saber, promove a crença de que tudo é verdade, pois ela está em toda parte. A verdade pulverizada é a versão de cada um. Quando tudo é verdade, nada é real! Uma vez que a realidade humana, como os matemas dos quatro discursos permitem demonstrar, é uma realidade discursiva, de linguagem, como é que se assegura, nos dias de hoje, o laço entre os semblantes (significantes) e o real?

Quando a economia de mercado transforma o trabalho e o saber de cada um numa mercadoria que se compra e se vende, a família se torna um resíduo onde se aloja alguma coisa que não pode ser trocada: o sintoma. As relações entre um homem e uma mulher – em que pesem os efeitos da difusão na literatura de autoajuda de fórmulas de ajustamento entre os sexos – são sempre atravessadas pela impossibilidade de viver no paraíso e "nada é mais difícil de suportar que uma sucessão de dias belos" (Goethe, 1810/12 *apud* Freud, 1930: 95). Qualquer um pode atestar a veracidade dessa fórmula. Lacan condensou essa verdade comezinha na conhecida fórmula: "il n'y a pas du rapport sexuel". Acompanhando Miller (2008), podemos interpretá-la assim: a relação sexual não existe, somente a contingência dos encontros. O inconsciente é a razão de todos os encontros e desencontros.

Na contemporaneidade, a hipótese do inconsciente está em declínio. Os saberes que circulam na sociedade da informação tendem a desconhecer a singularidade do sujeito em jogo no seu sintoma. Cresce e difunde-se, rapidamente, um novo gosto pseudocientífico que, baseado em evidências estatísticas, reduz o sujeito a um suposto padrão: o do "homem-médio". As relações da psicanálise com a medicina estão sendo consideravelmente afetadas. Podemos destacar três eixos dessa tendência. O crescimento das abordagens cognitivo-comportamentais na psicologia clínica, a influência da medicina baseada em evidências estatísticas própria à abordagem epidemiológica em saúde mental e o crescimento da indústria farmacológica. Graças às abordagens pseudocientificas, tudo que o sintoma possa comportar de mensagem, de enigma, de sentido a ser interpretado tende a desaparecer.

É a partir da identificação desses três eixos que se pode afirmar que a dimensão real do sintoma na clínica muda no decorrer dos tempos históricos. Ou seja, dizer que a clínica muda é dizer que o sintoma se transforma, e que essas transformações muitas vezes ocorrem de maneira bem mais rápida que o avanço da própria teoria analítica. Essa mudança da clínica mostra claramente que, embora o sintoma seja uma mensagem que tem uma estrutura de metáfora, sua formulação está condicionada pelas manifestações particulares do mal-estar na civilização. É necessário admitir que tais manifestações não são simples abstrações, uma vez que se assentam no campo do Outro simbólico, considerado como lugar de inscrição.

Ora, esse lugar do Outro não deveria ser concebido como uma espécie de entidade fixa e estável. Ao contrário, esse lugar está aberto aos acontecimentos, às eventualidades próprias da diacronia da história. Encontram-se aí – no lugar do Outro – as estruturas do parentesco e a metáfora do Nome-do-Pai, mas, também, e é o que nos interessa aqui: o sistema de significantes e o sistema dos ideais. As manifestações histéricas contemporâneas resultam das modificações operadas pela ação do discurso no sistema de significantes e dos ideais. As formas do sintoma mudam no curso do tempo, obedecendo ao processo de metamorfose das configurações dominantes do mal-estar da civilização. As histéricas – que batem às portas dos centros de saúde na procura desesperada dos benzodiazepínicos – constituem um testemunho inegável de que as novas formas de sintoma ficam muitas vezes distantes das portas dos consultórios dos analistas. Como reintroduzir nesse campo o inconsciente, levando em conta que o discurso de nossa época não é o mesmo da época de Freud? Como interpretar os novos sintomas à luz de sua relação com a discursividade normatizadora contemporânea? Como reinventar o inconsciente hoje?

Estrutura de linguagem e gozo do corpo no inconsciente

O inconsciente é uma invenção freudiana. Com a mediação da interpretação dos sonhos e de toda uma fina psicopatologia da vida cotidiana, Freud decifrou o enigma dos sintomas histéricos. Lacan concebeu o inconsciente como lugar do Outro, primeiramente como o lugar da verdade, lugar virtual constituído pelos efeitos da fala e que não se confunde com a comunicação ou a intersubjetividade. Num segundo momento, o Outro figura nos esquemas de Lacan como lugar do código na dicotomia código/mensagem. Em terceiro lugar, temos o Outro como tesouro de significantes, o dicionário por exemplo, onde abundam os usos da linguagem. A referência, na delimitação desse lugar do Outro, é a escrita e não a fala. Em quarto lugar, o Outro é introduzido no nível fonológico, como bateria significante completa. Depois, temos o Outro barrado S (Ⱥ) que é o modo pelo qual Lacan traduz a cisão ressaltada por Göedel entre a verdade e a demonstração, servindo-se dela para evidenciar a tese sobre a inconsistência do Outro. Nessa perspectiva, a psicanálise participa da concepção científica de que o Outro é inconsistente. Para a psicanálise, assim como para a ciência, a condição de possibilidade do surgimento da consistência lógica é a existência de um ponto indecidível – um real fora do sentido – sobre o qual é impossível dizer se é verdadeiro ou falso. Por essa razão, tanto a ciência quanto a psicanálise são definidas por Lacan como discursos, pois pressupõem o primado lógico desse real impossível (Lyotard, 1986)[2]. Um discurso é um artifício da razão, uma criação a partir desse ponto vazio de sentido no universo infinito da ciência. Um discurso não se define pela veracidade ou falsidade do ponto de partida e sim pelas suas consequências. Não existe um só discurso que não seja apenas semblante do real.

A constatação da inconsistência do Outro vai levar Lacan a propor que o Outro (Ⱥ) não existe e que o sujeito suposto saber é uma ficção destinada a desvanecer-se no processo analítico. O Outro, enquanto sujeito suposto saber, dissolve-se

---

2 Também Lyotard (1986, p. 5) define o saber científico como uma espécie de discurso.

à medida que a hipótese de um Outro consistente (metáfora paterna) dá lugar à descoberta do Outro inexistente (objeto *a*). Razão pela qual, no *Seminário 16* (1968-1969), o Outro nos é apresentado como uma estrutura topológica folheada pela repetição que enseja a emergência do objeto pequeno *a* como mais de gozar. Alcançamos, nessa época, uma concepção de estrutura que se integra à repetição pulsional. Em 1968, Lacan ensaia uma formalização daquilo que escaparia à estrutura, isto é, a própria dimensão do gozo. O real de que fala Lacan nessa época se redefine graças à formalização do *objeto a*. Esse conceito lhe permite ir do grande Outro (A) ao pequeno outro (a), demonstrando a relação íntima e extima entre o significante e o real. Para empreender essa redefinição do real, ele propõe uma nova equivalência entre o valor de mais de gozar do *objeto a* e a o conceito de lucro (ou de mais-valia) introduzido por Marx. Lacan propõe apreender a dimensão do gozo com apoio na economia política e não na equivalência entre a teoria do significante e a termodinâmica freudiana que o inspirou em seu *Seminário 2* (Lacan, 1959-1960).

O gozo é esse termo instituído por ser um exterior absoluto ao campo do Outro como lugar da fala. O *objeto a*, diferentemente, é um conceito que foi fabricado para atravessar essa limitação. Ele é concebido como uma infração à exterioridade absoluta de *das Ding* em relação ao campo do Outro, pois comporta um fator libidinal que se integra ao campo significante que é o mais de gozar (*Merlust*). O *objeto a*, graças a sua estrutura topológica, pode funcionar como equivalente do gozo. Esse objeto não é uma parte do conjunto do grande Outro (A), mas um resíduo que tem a mesma importância. Porque ele é, ao mesmo tempo, o que o grande Outro tem de mais íntimo (um furo) e mais exterior ao seu conjunto. Por essa razão, na relação do sujeito ao Outro como efeito do significante, o objeto é uma borda estruturada topologicamente. E no *Seminário 17* (Lacan, 1969-1970) veremos que o significante será redefinido como meio de gozo.

Depois dessa redefinição, na experiência analítica, todo sentido se reduz ao semblante, algo que é *imaginariamente simbólico*, um discurso. O real impossível, na psicanálise, é o gozo. Jacques-Alain Miller se pergunta:

> [...] o conceito de discurso é para o que converge toda sua elaboração clínica [...] Quando nos apercebemos que, com esse vocabulário e com esse sistema de quatro lugares, temos a essência da estrutura clínica [...] coloca-se a questão de saber se nós temos aí um artifício de classificação, um artifício simbólico, um semblante ou se é verdadeiramente, se posso dizer, o real. Essas estruturas clínicas são da ordem do saber inscrito no real? (Miller, 2009: 66).

A natureza do discurso é a de ser um semblante, uma defesa contra o real. O semblante, Lacan explica, é o contrário do artefato. Porque na natureza o semblante funde, mistura a razão com a sensibilidade: "[...] graças a um aparelho que é o discurso não se trata mais de ideia" (Lacan, 1971: 27). As estruturas clínicas não são, portanto, apenas convenções arbitrárias – meros nomes cujo valor operativo dependeria das contingências históricas –, pois se enraízam no real. Logo, não é possível ser psicanalista e nominalista. O real que orienta a clínica psicanalítica nos obriga a reinventar permanentemente o sentido inconsciente. O sentido não é o real. O sentido inconsciente não é da ordem de um saber escrito no real. O sentido é semblante, é imaginariamente simbólico, é da ordem de uma borda em nosso acesso ao real.

Em nosso acesso ao real somente nos orientamos pelo sintoma. Por isso, ao final de seu ensino, Lacan propõe escrever o núcleo irredutível do sintoma através de sua grafia antiga: sinthoma. O *sint'homme*, termo homófono a *sainthomme*, devemos tomá-lo como a via herética que cada um escolhe em sua relação com a verdade. O sinthoma, como Miller o define, é a única infração à regra de que não há sentido no real. É o resto do trabalho analítico de redução da estrutura quaternária do discurso[3] a um acontecimento traumático – o encontro com a inexistência da relação sexual – em que se realiza a conjunção entre o significante (S_1) e um corpo (objeto *a*)[4]. O sinthoma é real, na medida em que faz um no semblante e, por essa razão, distingue-se do fantasma, do discurso e da verdade.

O discurso científico, com sua rede, deixa ver os bons furos no bom lugar. Sua única referência é o real impossível que suas deduções permitem atingir. Os limites de sua consistência lhe são dados pelo rigor de seu aparelho de discurso. Como ensina a experiência analítica, o real, quando se reduz ao sinthoma, fecha-se ao sentido. O sinthoma em sua singularidade e consistência própria não se deixa dissolver pela interpretação. Nada mais inaceitável pelo discurso de nossa época que deseja homogeneizar os usos do corpo, os estilos de vida e regular o usufruto da vida. Como reintroduzir no

---

[3] Com seus quatro elementos S_1, S_2 $\$$ e a.

[4] O sinthoma resulta da redução da estrutura quaternária a somente dois elementos: S_1 e *a*.

campo da medicina de hoje, cativada pelos recursos farmacológicos que acreditam poder submeter os sintomas à prova terapêutica, o mistério do gozo do corpo?

A psicanálise leva seu interesse pela verdade até o ponto em que seu limite se revela: a singularidade do sinthoma. Os sintomas histéricos contemporâneos talvez evidenciem de modo mais agudo e insuportável o conflito entre o ideal democrático de homogeneização do gozo e a afinidade de estrutura que o inconsciente tem – em última instância – com o par: significante mestre (S_1) e objeto como furo no semblante. Ao final desse artigo abordaremos o caso dos pacientes poliqueixosos, que abundam nos ambulatórios psiquiátricos.

A política e o sintoma no discurso da nossa época

Em 2003, na França, os psicanalistas de orientação lacaniana lançaram-se numa batalha contra a emenda do parlamentar Bernard Accoyer, que pretendia impor uma regulamentação do exercício das psicoterapias sem acordo prévio com os praticantes. Um vasto movimento de opinião, conduzido por Jacques-Alain Miller, manifestava uma viva inquietação. Essa tentativa frustrada de regulamentação das profissões "psi" visava reduzir a liberdade de escolha com base na transferência. Acreditavam, os bons samaritanos interessados nessa regulamentação, proteger o público consumidor de psicoterapias do envolvimento com impostores e charlatães que ainda não se convenceram de que o inconsciente é uma crendice pré-científica. Em apoio a essa cruzada contra a psicologia clínica e a psicanálise, não faltou a cumplicidade de publicações hostis à psicanálise, que usurpam o termo "ciência" para dele se prevalecerem. Falsos saberes, bastante sedutores, que fazem ar de saberes científicos e, sob o pretexto de assegurar os direitos do consumidor, confiscam-lhe o direito de escolha e as liberdades democráticas.

Em outubro de 2003, o ministério da saúde francês anuncia a elaboração de um Plano Global de saúde mental (Plan Clérry-Melin), produzido sem que representantes da psicanálise, das psicoterapias e da psicologia clínica tivessem nele qualquer participação. O plano e a emenda eram as duas faces de um mesmo projeto: avaliar as psicoterapias, enquadrá-las e submetê-las ao poder médico. Psiquiatras se tornariam coordenadores regionais e decidiriam com qual profissional "psi" um cidadão deveria se consultar. Sob o pretexto de esclarecer o público e disciplinar o exercício das diferentes práticas "psi", tratou-se de uma tentativa de demonstrar que as terapias baseadas na palavra não têm efeito terapêutico sobre os sintomas que afligem a população, supostamente mal informada e fácil de iludir pelos mais diversos charlatães. Os psicoterapeutas do futuro deveriam ser formados em institutos de formação, como os que existem nas Faculdades de Medicina. Eles seriam treinados para exercer as terapias cognitivo-comportamentais, assim como a psicanálise e outras especialidades dentro do quadro da formação psiquiátrica. A opinião esclarecida não tardou a reagir comparecendo aos "Foruns Psy" organizados em Paris. Em fevereiro de 2004, o INSERM[5], a pedido da Direção Geral da saúde, publica sua avaliação de três psicoterapias.

---

[5] INSERM – Institut National pour la Santé, l'enseignement et la recheche medicales.

As terapias cognitivo-comportamentais foram consideradas as mais eficientes, muito embora a psicanálise não tenha sido sequer avaliada.

Adeptos das terapias cognitivo-comportamentais publicaram o *Livro negro da psicanálise* (Meyer, 2005), dispostos a demonstrar a ineficácia dessa abordagem dos sintomas psíquicos. Essa publicação ensejou como resposta uma série de textos curtos, claros e críticos sobre as terapias cognitivo-comportamentais que se intitulou *O antilivro negro da psicanálise* (Miller, 2006). A batalha prosseguiu e, finalmente, no começo de março de 2009, uma nova emenda, defendida perante a Assembleia pessoalmente por Mme Roselyne Bachelot – nova ministra da saúde –, substituiu a lei Accoyer.

Lacan antecipava em 1968 o declínio do saber fundado na experiência singular de cada um dos efeitos do inconsciente. Temia que a entrada do saber no mercado reduzisse o saber ao diploma universitário. Na atualidade, temos motivos para temer que o próprio discurso psicanalítico seja apropriado pelo discurso universitário e que se demonstre a equivalência entre nossos conceitos e o discurso das terapias cognitivo-comportamentais. Agnès Aflalo (2009) examina minuciosamente os fundamentos epistêmicos da releitura da psicanálise freudiana por ninguém menos que o ex-presidente da IPA, Daniel Widlöcher. Empenhado numa curiosa "atualização" dos conceitos psicanalíticos, ele os retalha e recorta revelando sua incrível unicidade. O inconsciente, o desejo, a pulsão, a angústia, os afetos, a transferência e a interpretação reduzem-se ao pensamento. Segundo esse autor, a descoberta freudiana pode ser localizada inteiramente no campo das ciências naturais. Widlöcher suprime todos os obstáculos – em particular, aqueles que derivam do campo da fala e da linguagem – e obtém a naturalização do inconsciente e do desejo. A psicanálise widlöchiana opera milagres, pois ajusta-se perfeitamente aos parâmetros pseudocientíficos das terapias cognitivo-comportamentais e abre-se ao diálogo com as neurociências. Sua hermenêutica prescinde da linguística, pois tornar consciente o não-consciente equivale a conferir sentido ao pensamento-ação. E, para galgar mais um degrau na escala das ciências, basta servir-se das neurociências como álibi para propor a equivalência entre o pensamento e o cérebro ou, melhor ainda, entre o estado da matéria cerebral e a atividade do pensamento. Desnecessário acrescentar que Agnès Aflalo, autora dessa leitura crítica, nos apresenta essas conclusões com as devidas referências precisas aos textos do autor[6].

No esforço de elucidar o advento de uma nova onda – neste imenso oceano de falsa ciência em que tantas vezes já submergiu a civilização ocidental –, Agnès Aflalo analisa as terapias cognitivo-comportamentais. Ela revela a ligação estreita entre os pressupostos metodológicos dessa abordagem e a objetificação do novo "homem sem qualidades" (Miller, 2005) talhado sob medida pelo gosto pela mensuração das almas. Privado da fala, que é onde comparece a singularidade do desejo e a responsabilidade pelo gozo, o "homem sem qualidades" parece mais dócil à padronização. Não lhe escapam também os efeitos do declínio epistemológico da fina semiologia – que alicerçou a clínica psiquiátrica na qual se basearam tanto Freud quanto Lacan –, substituída pela metodologia estatística que domina a epidemiologia em saúde

---

6 O leitor encontrará na bibliografia desse artigo os textos a que essa autora se refere.

mental. Em lugar do diagnóstico fundado na estrutura do sintoma, a mentalidade epidemiológica quer nos impor a classificação dos transtornos mentais pulverizados em fenômenos dispersos e destituídos de sua lógica própria. Para que serve esse esvaziamento do real em jogo na classificação tradicional dos sintomas psíquicos? Por que é necessário extinguir no campo da ciência todas as distinções clínicas – neurose, histeria, obsessão, psicose, esquizofrenia e paranoia? Qual é o interesse que os novos saberes emergentes têm em fazer tabula rasa da clínica psiquiátrica e psicanalítica?

Podemos fazer a hipótese de que existe uma tendência contemporânea que afeta a psiquiatria de uma preocupação biopsicossocial. Apoiados em Michel Foucault – que não cessou de denunciar os novos dispositivos e tecnologias polimorfas do poder disciplinar –, acreditamos que os novos biopoderes visam controlar as populações perigosas, forjar novos hábitos, perseguir o gozo inútil, reduzir os riscos para o financiamento do sistema previdenciário e incrementar uma política que promove um ideal de saúde sem sujeito.

Hoje, muitos setores do discurso universitário trabalham para impor a todos os segmentos sociais, a todas as políticas e a todas atividades uma mesma exigência: "qualidade total". Suprimir as liberdades democráticas e substituí-las pela satisfação do consumidor. Pensamos que se pode encontrar nesse *slogan* o verdadeiro regente dessa grande orquestra de tantos pseudossaberes e de tão grande poder acéfalo. Isso não é ciência, isso é gestão. Aos gestores interessados em promover um ideal de saúde sem sintoma, sem inconsciente e sem singularidade somente resta produzir sobre o homem discursos pseudocientíficos. Como defender nos dias de hoje a ciência, o direito ao sintoma e ao inconsciente?

Chamem a histérica!

Em nosso tempo, quando a mentalidade epidemiológica do DSM IV se esforça para instalar-se entre nós, com suas novas nomenclaturas que pretendem dissolver a estrutura das síndromes da clínica psiquiátrica e psicanalítica, é preciso defender a ciência. Não será que é preciso redescobrir os sintomas histéricos com seu potencial de denúncia da surdez da medicina?

Para isso é preciso retomar o inconsciente e a pulsão como as ferramentas que permitem instalar a transferência e interrogar o sintoma como um enigma e como gozo fora do sentido. Recentemente, temos nos acostumado à ideia de que os novos sintomas são menos interpretáveis do que os sintomas clássicos. Pensando assim, somos muitas vezes levados a acreditar que são estranhos ao campo da palavra e da linguagem e que se apresentam apenas como um gozo repetido e sem sentido. Na contemporaneidade, o crescimento da literatura de autoajuda e da abordagem cognitivo-comportamental do sintoma tende, sem a menor dúvida, a condená-lo ao silêncio. O discurso da medicina não hesita em estabelecer índices cada vez mais draconianos de normalidade, estimulando a insensibilidade quanto à singularidade do sujeito. Não é sem razão que o que chamamos de novos sintomas confina com as patologias do excesso ou da falta no campo da satisfação pulsional. Anorexias, bulimias, obesidade, adições a drogas, compulsões no trabalho e na vida social e, igualmente, seu oposto, retraimento social e depressões. Essa clínica do gozo a mais e do gozo a menos caminha, aparentemente, no sentido de testemunhar em favor da classificação fenomenológica dos transtornos mentais.

São pacientes chamados de monossintomáticos que parecem poder ser agrupados conforme sua modalidade de uso do corpo. Diferentemente deles, os pacientes poliqueixosos abundam nos ambulatórios psiquiátricos. Nossa hipótese é a de que são dois modos complementares de se apresentarem os novos sintomas histéricos. Ambos têm em comum o fato de desafiarem o saber da medicina e os poderes da interpretação do psicanalista.

A histeria na civilização das pseudociências

Estes serviços ambulatoriais, criados com o objetivo específico de evitar as hospitalizações desnecessárias dos pacientes psicóticos, têm muitas vezes desempenhado outras funções. Recentemente, um levantamento realizado por Wellington Domingues (1995) demonstra que um volume importante desta clientela é constituído tanto pelos chamados "problemas educacionais", que se exprimem na patologização do fracasso escolar, como pelas "pacientes histéricas" em busca de solução para seus sintomas através dos benzodiazepínicos. Interessa-nos, sobretudo, este último aspecto da configuração atual da demanda de tratamento que se traduz numa certa aderência do discurso histérico aos serviços médicos. Esta demanda de medicamento merece ser chamada "fármacodependência enigmática" (Santiago, 1992). Nesses casos, não se trata de forma alguma do uso do medicamento com um fim propriamente toxicomaníaco. O que se observa num primeiro contato com o problema é uma certa astúcia, isto é, um certo saber destas pacientes sobre a utilização do medicamento. Na origem destas situações há quase sempre uma forte demanda de natureza médica por parte de um sujeito que acabou por denominar-se, correntemente, como o "poliqueixoso". Observa-se com frequência, nessas situações clínicas, intensas queixas e o relato sempre minucioso sobre o surgimento de novos sintomas.

A escalada medicamentosa que pouco a pouco vem se instalando nos ambulatórios revela o quadro monótono e repetitivo da paciente que busca o produto que porá fim ao desconforto de seus sintomas e do médico que – mesmo se dando conta da inconveniência deste pedido já recorrente – prescreve novos medicamentos. Estabelece-se aí uma cumplicidade própria da configuração moderna do par médico-doente – este último quase sempre uma paciente histérica. Cada um dos protagonistas deste par dá a impressão de que "faz o que tem que ser feito"! Nesta trama atual da relação médico-histérica se esboça mais um outro efeito singular desse encontro da medicina com a indústria farmacêutica. Do ponto de vista do médico, é necessário admitir que a tecnologia farmacológica despeja um número infinito de novos agentes terapêuticos, químicos ou biológicos de que dispõe (Lacan, 1967). Do ponto de vista da paciente histérica, constata-se que sua demanda ao médico enquanto sábio fisiologista não se esgota nesta solicitação terapêutica das mazelas do corpo.

O que a psicanálise tem a dizer acerca dessa situação clínica quase paradigmática do trabalho nesses serviços? Deve-se falar da produção nesse processo de um duplo engano? Seria o caso de se referir a uma falsa demanda da paciente e, de outro lado, de uma falsa resposta do médico? É evidente que a paciente pede outra coisa, que nesse contexto dificilmente pode ser escutada. Sob a ótica da psicanálise, afirmar que o doente pede a cura é bastante insuficiente. Quando o doente é encaminhado ao médico, não é possível dizer que ele espera pura e simplesmente a cura. Muitas vezes, o sujeito o procura para pedir sua autentificação como doente. Conclui-se que toda vez que o ato médico se realiza, por exemplo na administração do medicamento, algo fora do campo do que é modificado pelo benefício terapêutico permanece imutável e constante. Não é necessário ser médico, muito menos psicanalista, para saber que quando alguém – um amigo, por exemplo – nos pede alguma coisa pode ser algo diametralmente oposto ao que ele deseja (Lacan, 1967).

Nos casos de "farmaco-dependências enigmáticas", a situação muitas vezes complica-se quando a paciente faz suas misturas por conta própria. Nota-se, por exemplo, a retomada de antigos tratamentos ou medicamentos prescritos em outras ocasiões ou a outras pessoas. O paciente associa diversas receitas, de um ou vários médicos, prescrições de farmacêuticos, da vizinha, tudo isso segundo uma intenção terapêutica declarada. O consumo se faz de forma ritualizada, as quantidades diárias aumentam consideravelmente, os pedidos de prescrições tornam-se intermináveis. Tudo isso em franca oposição com os pressupostos teóricos mínimos dos compêndios de psicopatologia e psicofarmacologia. Neste contexto, toda tentativa de supressão do medicamento é quase sempre recebida com a total reprovação da paciente.

Do ponto de vista estritamente descritivo, poderíamos agrupar algumas situações em que as chamadas "toxicomanias enigmáticas" aparecem: a) nas queixas de astenias (pacientes que usam e abusam de vitaminas e de psicoestimulantes); b) nas insônias crônicas (pacientes que buscam o medicamento milagroso e estão dispostos a fazer tudo para suprimir o sintoma, exceto deixar de utilizar o medicamento. Aumentam a posologia do hipnótico, depois fazem novas associações até chegarem a um coquetel que não os satisfará mais); c) nas ansiedades crônicas (procedem da mesma maneira); d) nas hipocondrias (o medicamento é um testemunho da solicitude de seu médico e da realidade de seu sofrimento. Ele adicionará e comparará as prescrições e terminará por conhecer e discutir com o médico a farmacopeia face ao polimorfismo de seus sintomas); e) nas obsessões (quando o sujeito valoriza excessivamente todo um saber relativo não só aos mecanismos de ação das substâncias químicas, bem como o ritual das prescrições, não suportando as menores modificações).

Queremos ressaltar, entretanto, o que ocorre nas histerias. Nestes quadros encontramos uma preponderância da dependência do sujeito ao personagem do médico-mestre. Trata-se, sobretudo, de situações nas quais o sujeito se beneficia da doença e de seus diversos mal-estares para suscitar o interesse do outro. Procura atrair a atenção do médico para seu corpo, uma vez que este último não lhe traz grandes satisfações com as cenas de sedução usuais. Quando uma histérica é encaminhada ao médico ou quando o procura, não devemos dizer que ela espera pura e simplesmente sua cura. Ela desafia o médico a tirá-la de sua condição de doente, coisa bem diferente, pois isso pode implicar que esteja atraída pela ideia de conservá-la. Muitas vezes, como já introduzimos mais acima, ela o procura para pedir que ele comprove que ela é doente. Em muitos outros casos vem pedir de modo manifesto que a preserve em sua doença, tratando-a de maneira conveniente e permitindo-lhe continuar sendo uma doente, porém mais bem instalada em sua doença. A evocação desta experiência aparentemente trivial faz emergir o problema da demanda, dimensão em que propriamente se exerce a função médica. Mas o que é difícil perceber, e que só foi investigado seriamente pela Escola de Lacan, é a estrutura de falha entre o campo da demanda e o do desejo. Em definitivo, para a psicanálise, aquilo que o sujeito demanda quase sempre não é o que deseja (Lacan, 1967).

Nesta apresentação atual da estrutura de falha entre a demanda e o desejo na histeria, tem-se um material de pesquisa bastante fecundo, no qual se destaca a injunção de certas discursividades contemporâneas que pretendem ser científicas. Neste contexto, está presente não apenas um produto da indústria farmacológica, mas as figuras que devem legitimá-las encarnadas nas pessoas do médico, do farmacêutico e de outros. A indústria farmacológica lança certos produtos no mercado, produtos que não existiam antes, e fabrica as formas de fixar esses sujeitos a estes produtos. Esta adesão aos produtos dos laboratórios químicos não é sem consequências para estes sujeitos. A psicanálise pode tratar desta adesão do sujeito histérico a essa solução, assim como das consequências para este desta relação metódica com o produto medicamentoso.

Essa situação nos parece exemplar do risco para a medicina, na contemporaneidade, de se fazer aliada de saberes e práticas que implicam a supressão do sujeito. Não é nada surpreendente que a histeria surja, mais uma vez na história, como um sintoma que recoloca o fracasso da racionalidade médica e, portanto, como um fracasso desta figura contemporânea do discurso do mestre. Mais uma vez a fala da histérica permite à psicanálise apontar a *foraclusão do sujeito* pela medicina. Eis o que se passa com a histeria após a expansão cada vez mais crescente do processo de universalização de saberes e práticas pseudocientíficos. É, portanto, uma certa atualização da histeria a partir do progresso da farmacologia que se coloca como ponto de indagação crucial do exame deste problema clínico.

Uma hipótese plausível é que através desta expressão singular da histeria, em tempos de expansão da indústria farmacêutica, tem-se um novo envoltório formal do sintoma histérico. É importante não confundir essa articulação significante de uma nova forma de sintoma com uma entidade nosológica qualquer (Lacan, 1970: 95). Ao contrário, as novas formas do sintoma constituem precisamente o retorno da verdade como tal na falha de um saber – no nosso caso, o saber da medicina atual. No sintoma, trata-se, antes de tudo, da intrusão do que não funciona no real, do que se coloca de maneira oblíqua para impedir que as coisas funcionem de forma satisfatória para o mestre da atualidade.

Para concluir, perguntamos se, à medida que crescem a cultura de massa e o acesso democrático ao usufruto dos bens, emergem os novos histéricos que bradam por todos os poros seu absurdo apego monossintomático e sua relutância em ajustar-se a regras de mercado que nos impõem a equivalência e a intercambialidade entre os bens de consumo. Existe uma dignidade no apego ao sinthoma e a abordagem psicanalítica desse reduto da singularidade do sujeito – na medida em que consiste em reinscrevê-lo no campo da fala e da linguagem – poderá oferecer a um ser falante a ocasião de um novo saber-fazer com sua escolha herética.

Referências bibliográficas

Aflalo, A. (2009). *L'assassinat manqué de la psychanalyse.* Paris: Psyché Éditions Cécile Defaut.

Bauman, Z. (1997). *O mal-estar da pós-modernidade.* Rio de Janeiro: Jorge Zahar.

Coelho dos Santos, T. (2001). *Quem precisa de análise hoje?* São Paulo: Bertrand Brasil.

Coelho dos Santos, T. (2010). A interpretação analítica do sintoma. In: Nascimento, E. M. V. & Gonzales, R. C. F. *A clínica psicanalítica: reflexões teóricas e incidências institucionais na contemporaneidade.* Salvador: EDFBA.

Connor, S. (1993). *Cultura pós-moderna: introdução às teorias do contemporâneo.* São Paulo: Edições Loyola.

Domingues, W. (1995) Instituições e práticas coletivas em saúde mental na região metropolitana de BH. Relatório de pesquisa. Escola de saúde pública/ FAPEMIG, BH, 1996 (mimeo).

Engleton, T. (1998). *As ilusões do pós-modernismo.* Rio de Janeiro: Jorge Zahar Editor.

Foucault, M. (1977). *História da sexualidade – A vontade de saber.* São Paulo: Editora Graal.

Freud, S. (1930). Mal-estar na civilização. *Edição standard brasileira das obras psicológicas completas de Sigmund Freud,* v. XXI. Rio de Janeiro: Imago, 1974.

Giddens, A. (1991). *As consequências da modernidade.* São Paulo: Editora Unesp.

Harvey, D. (1998). *Condição pós-moderna.* São Paulo: Edições Loyola.

Jameson, F. (1997). *Pós-modernismo: a lógica cultural do capitalismo tardio.* São Paulo: Editora Ática.

Kumar, K. (1997). *Da sociedade pós-industrial à pós-moderna: novas teorias sobre o mundo contemporâneo.* Rio de Janeiro: Jorge Zahar.

Lacan, J. (1959-1960). *Le Séminaire, livre VII: L'éthique de la psychanalyse.* Paris: Seuil, 1986.

Lacan, J. (1959-1960). *O seminário, livro 7: a ética da psicanálise.* Rio de Janeiro: Jorge Zahar, 1988.

Lacan, J. (1967). Psychanalyse et medicine. *Lettres de L'École Freudienne.* Bulletin de L'École Freudienne de Paris, fev/mar, nº 1.

Lacan, J. (1968-1969). *Le Séminaire, livre XVI: D'un Autre à l'autre.* Paris: Seuil, 2006.

Lacan, J. (1970). Radiophonie. *Scilicet*, nº 2/ 3.

Lacan, J. (1971). *Le Séminaire, livre XVIII: D'un discours qui ne serait pas du semblant.* Paris: Seuil, 2006.

Lyotard, J.- F. (1986). *O pós-moderno.* Rio de Janeiro: José Olímpio Editora.

Meyer, C. (org.). (2005). *Le livre noire de la psychanalyse.* Paris: Les Arènes.

Miller, J.-A. (2005). A era do homem sem qualidades. Acessível em <www.nucleosephora.com/asephallus> nº 1.

Miller, J.-A. (2006). *L'anti livre noire de la psychanalyse.* Paris: Seuil.

Miller, J.-A. (2008). À la merci de la contingence. *Lettre Mensuelle,* École de La Cause Freudienne, nº 270, jul/ago, 5-8.

Miller, J.-A. (2009). Nous sommes poussés par des hasards à droite et à gauche. *La Cause Freudienne,* nº 71. Paris: Navarin, Seuil.

Santiago, J. (1992). Tipos clínicos da farmaco-dependência. In: Atas da V Jornada de Trabalho do Centro Mineiro de Toxicomania/FHEMIG. Belo Horizonte, Fapemig.

Sennett, R. (2000). *A corrosão do caráter; consequências pessoais do trabalho no novo capitalismo.* São Paulo: Record.

Smart, B. (1993). *A pós-modernidade.* Coleção Biblioteca Universitária. Portugal: Publicações Europa-América.

O corpo na clínica contemporânea e a anorexia mental

Isabel Fortes

Introdução

A anorexia está presente tanto no campo da psicanálise como no domínio da medicina, na medida em que se trata de uma síndrome psíquica que se manifesta eminentemente na dimensão do corpo e que tem como consequência sintomas clínicos que são necessariamente dirigidos ao médico, mas que frequentemente são também endereçados ao psicanalista. Escolhemos, portanto, o tema da anorexia mental como uma discussão que consideramos relevante para um livro que aborda as fronteiras entre medicina e psicanálise, já que tal condição clínica se inclui na interlocução entre os dois saberes.

Observamos um paralelo entre o lugar central que a dimensão do corpo vem ocupando na cultura nas últimas décadas e o aumento da incidência de casos de anorexia.

Assim, o presente artigo apresenta em primeiro lugar um quadro teórico que visa expor alguns elementos importantes para a demarcação do corpo na cultura atual. Em segundo lugar, propomos refletir sobre a constituição do corpo anoréxico a partir da problemática da imagem.

A presença do corpo na cultura atual

Para refletirmos sobre os elementos teóricos que estão em jogo na constituição corporal da anorexia, propomos fazer antes um percurso acerca da presença da dimensão do corpo na contemporaneidade.

Constata-se na clínica hoje um grande aumento da incidência de sintomas que se manifestam diretamente no corpo, sem que o paciente expresse um conflito psíquico subjacente.

Essa configuração sintomática pode ser aproximada, a nosso ver, do que Freud denominou em 1895 de "neurose atual". No manuscrito, Freud considerou que a angústia provém de um acúmulo no domínio das excitações, cuja origem é somática. A excitação sexual somática é produzida concomitantemente a um decréscimo da participação do psiquismo nos mecanismos da sexualidade. Ao circunscrever a libido ao âmbito do psiquismo e conceber a angústia como resultante do excesso de excitação provindo da dimensão corporal, Freud sinaliza a ocorrência de uma baixa de libido paralela à acumulação da excitação corporal. Portanto, na neurose atual, que se caracteriza por uma intensa descarga de angústia, a via de elaboração psíquica encontra-se inoperante, havendo um desvio da sobrecarga da excitação somática para outros canais que oferecem maior possibilidade de descarga do que a via psíquica. Por esta razão, este modo de neurose é definido por Freud como sendo "puramente somático" (Freud, 1895/1976: 134).

Assim, acreditamos que a neurose atual conforme descrita por Freud pode nos auxiliar na compreensão da presença do corpo na clínica contemporânea, e o aprofundamento teórico desse quadro nosológico levanta considerações importantes para o estudo das configurações sintomáticas que se expressam no corpo, apresentando, no entanto, pouco acesso à elaboração psíquica[1].

Ao analisar a cultura contemporânea, Freire Costa (2005) observa que o indivíduo de hoje baseia sua construção identitária na referência do corpo e do cuidado de si. Esse modo de se subjetivar condensa-se no que o autor denomina "personalidade somática de nosso tempo" (ibid.: 185).

Se antes o cuidado de si era voltado para a dilapidação da alma, para o desenvolvimento das virtudes morais e dos sentimentos, agora se dirige para o âmbito da saúde, da beleza, da boa forma e da longevidade. O autor esclarece como a virtude deixou de ser o único padrão da moralidade, circunscrevendo-se esta última também em relação à "qualidade de vida", no contexto de um novo modelo de identidade – a bioidentidade –, que apresenta uma forma de cuidado de si na qual o culto ao corpo tornou-se o bem supremo:

> Ser jovem, saudável, longevo e atento à forma física tornou-se a regra científica que aprova ou condena outras aspirações à felicidade. Crenças religiosas, políticas, psicológicas, sociais e outras são admitidas desde que se afinem com os cânones da

1 Sobre isso, ver meu artigo "L'actualité de la 'névrose actuelle' freudienne", *in Figures de la psychanalyse,* Paris: ÉRÈS, 2010.

qualidade de vida. A boa religião é aquela conforme o ideal da boa saúde; a boa política é a que respeita o cuidado com o ambiente físico da espécie natural (Freire Costa, 2005: 190-191).

Nesse contexto, a política passa a dividir seu espaço com a ecologia, configurando-se esta última como o baluarte da qualidade de vida e da bioidentidade. Um traço concomitante ao arrefecimento da crença na política é a negação da dimensão da alteridade, daquilo que diz respeito aos outros e à vida coletiva. A exaltação ao corpo vem acompanhada de um individualismo exacerbado, encarnado no que Lasch (1979) denominou "cultura do narcisismo". Por outro lado, a noção de qualidade de vida substitui o valor outrora concedido à cidadania. A relevância que a ecologia e o meio-ambiente têm tido na cena social a partir da década de 1990 é concomitante à importância do corpo como referência da identidade. A bioética – e não mais a política – transformou-se, assim, no correlato moral do ideal da qualidade de vida: "Tornamo-nos, dessa forma, politeístas tolerantes, sexualmente liberados e complacentes com as pequenas transgressões morais, desde que nada disto desequilibre as taxas de colesterol" (Freire Costa, 2005: 191).

Nesse novo cenário, o corpo é cultivado com finalidades morais. O advento da cultura somática faz com que o culto ao corpo ocupe lugar de destaque no âmbito dos ideais da cultura. É neste contexto que observamos o recrudescimento das manipulações irreversíveis do corpo. Observa-se o crescente apelo para esculpir o corpo, sendo comuns hoje operações para mudar o tamanho e o formato de várias partes do corpo, que se tornou dessa maneira um lugar mutante de instabilidades. A possibilidade infinita de modificar o próprio corpo faz com que paradoxalmente "o corpo natural seja uma ficção" (Orbach, 2009: 8). Em uma cultura saturada pela imagem, essas transformações corporais acabam tendo como consequência "a diminuição da rica variedade das expressões corporais humanas, que estão rapidamente desaparecendo. Hoje somente alguns poucos tipos corporais almejados e idealizados os quais todas as pessoas buscam possuir estão tomando o lugar das diferentes formas de corpo" (ibid.: 14).

Este não é de modo algum um problema trivial, que diria respeito apenas às searas da aparência ou da vaidade. Ao imperativo do culto ao corpo subjazem problemas gravíssimos tais como automutilação, obesidade, anorexia, bulimia, que são alguns exemplos dentre uma imensa gama de dismorfismos corporais. Segundo Orbach (2009), a questão mais problemática relacionada às modificações corporais é o fato de estas se basearem em uma enorme insegurança corporal. A instabilidade do corpo é condição para o grande anseio de que ele seja modificado.

Mieli (2002: 16) demonstra como a intervenção irreversível no corpo busca a inscrição do que ela denomina um *landmark*, um traço, uma marca que visa constituir para o sujeito um território que o identifique, "um corte simbólico que dá forma definida a um contorno flutuante".

Assim, observamos que tanto para Orbach (2009) como para Mieli (2002) as modificações corporais irreversíveis que são hoje feitas em grande escala subentendem que o corpo hoje traz a marca da instabilidade.

Outro domínio importante da atualidade em que podemos visualizar a presença do corpo é o campo das neurociências. A noção de sujeito cerebral vem ocupando não somente as pesquisas neurobiológicas sobre o cérebro, mas adentra atualmente também o domínio da cultura, já que cada vez mais os indivíduos compreendem-se a si mesmos a partir da linguagem dos processos neuroquímicos do nosso cérebro. No artigo "O sujeito cerebral" (2004/2009), Ehrenberg discorre sobre a representação de sujeito implicada nos trabalhos das ciências cognitivas.

No domínio das neurociências, a compreensão da subjetividade é dada a partir do funcionamento neuroquímico de nosso cérebro. As tecnologias de imagens do cérebro e as novas descobertas da biologia molecular oferecem subsídios para o surgimento de uma biologia da consciência. As revistas científicas anunciam regularmente resultados sobre os circuitos neuronais de emoções fundamentais como, por exemplo, a simpatia, o luto, a crença em Deus, o amor, a violência etc. Por outro lado, as avançadas técnicas de imageria cerebral permitem a visualização do cérebro, levando à crença de que a imagem cerebral seria equivalente à compreensão do sujeito em sua totalidade. Uma ideia frequente entre os psicólogos cognitivos é que apreender o cérebro seria indispensável para o conhecimento que podemos ter de nós mesmos.

O problema levantado por Ehrenberg é o reducionismo que essa visão acarreta. Se certa neutralização do social é necessária para que a biologia possa testar experimentalmente suas hipóteses, trata-se de um exagero conceber que o ser abordado segundo o corpo possa ser considerado o ser em sua totalidade. Para o autor, reduzir o sujeito aos mecanismos cerebrais é caso de cegueira conceitual. Há que se distinguir a necessidade que a neurobiologia tem de neutralizar as dimensões psicológicas e sociais da concepção de que o homem seria compreendido única e exclusivamente a partir do corpo. De fato, não é possível realizar as pesquisas em biologia sem deter o olhar para os genes, aminoácidos, enzimas, redes neuronais, sinapses etc. No entanto, o ponto nevrálgico dessa discussão é a ideia de que toda a nossa experiência pessoal derivaria de processos bioquímicos. Trata-se de uma visão ao mesmo tempo generalizante e reducionista. Colocar no mesmo plano o ser considerado a partir do corpo e o ser pensante e atuante tem como consequência a neutralização da vida social. Fazer uma equivalência entre o sujeito cerebral e o sujeito falante acaba por nos dizer muito pouco sobre as relações humanas.

Desse modo, explicar a experiência subjetiva pelos mecanismos cerebrais leva, em última análise, ao "apagamento da política e das práticas sociais que consideravam o sujeito como autor de sua existência individual e coletiva" (Ortega & Bezerra Jr., 2006).

Neste sentido, o cérebro tem se transformado em um novo ator social. Segundo Ortega & Bezerra Jr. (2006), a popularização pela mídia das informações que associam a atividade cerebral a praticamente todos os aspectos da vida levam à crescente percepção do cérebro como o autor das ações que definem o que é ser alguém: "O cérebro responde cada vez mais por tudo aquilo que outrora nos acostumamos a atribuir à pessoa, ao indivíduo, ao sujeito. Inteiro ou em partes, surgiu como o único órgão verdadeiramente indispensável para a existência do *self* e para definir a individualidade" (ibid.).

Um aspecto relevante acerca do sujeito cerebral é o fato de este ser uma resposta aos problemas propostos pelo mundo da autonomia individual generalizada. As neurociências oferecem caminhos para o sujeito encaixar-se na sociedade do espetáculo, a qual demanda aos sujeitos atenderem às exigências da performance e da iniciativa individual. Segundo Ehrenberg (2004/2009), o sucesso das neurociências deve-se menos a seus resultados práticos do que ao fato de atender às demandas colocadas pelo ideal da decisão e da ação inerentes aos tempos atuais:

> As razões sociais do sucesso popular das neurociências estão menos relacionadas a seus resultados científicos e práticos do que ao estilo de resposta dada para os problemas formulados pelo nosso ideal de autonomia individual generalizada. Elas permitem, hoje, consolar quem – na realidade, a maioria de nós – tem dificuldade de encarar o mundo de decisão e ação que se edificou sobre as ruínas da sociedade da disciplina [...]. A extensão das fronteiras de si que a normatividade da autonomia (valorização da realização de si, da ação individual, do *self-ownership*) recobre faz com que as condições pareçam reunidas para que uma representação de si como cérebro doente constitua uma referência semântica apropriada (Ehrenberg, 2004/2009: 202).

Portanto, vemos como a presença do corpo na contemporaneidade pode ser detectada no discurso das atuais ciências cognitivas, a ponto de esta última conceber o cérebro como sendo a própria representação do sujeito, fazendo desse último um ser reduzido à biologia, apagando as dimensões política, social e alteritária que estão implicadas na experiência subjetiva.

E como esta inserção maciça do corpo na cultura contemporânea tem reverberado nos consultórios de psicanálise?

Como estamos vendo, o corpo toma hoje a frente da cena, apresentando-se como fonte do sofrimento, sendo cada vez mais frequentes na clínica psicanalítica demandas de análise cujas queixas passam pelas questões corporais. Em relação às publicações psicanalíticas, houve também um aumento considerável de artigos e livros sobre a problemática corporal, sinalizando que o corpo voltou ao cenário da psicanálise após um longo período de esquecimento (Fernandes, 2003).

Com efeito, como comenta Birman (1999), o discurso pós-freudiano não designou um lugar para o corpo, o que levou a que a psicanálise ficasse limitada a uma leitura dos processos psíquicos a partir da representação e dos significantes. O corpo ficou reduzido aos registros somático, anatômico e biológico, confundido com o organismo, e sendo colocado numa dicotomia em relação ao psiquismo, este último definido como o lugar por excelência das representações. A primazia da linguagem e do pensamento conduziu a uma espécie de "recalcamento" da questão do corpo na psicanálise.

Segundo Fernandes (2003), a relação de distanciamento que a psicanálise manteve com esta temática acarretou um duplo movimento. De um lado, o corpo ficou relegado ao esquecimento, de outro, foi absorvido pela psicossomática, que no entanto sempre deu ênfase ao corpo doente. Desse modo, o enquadre do corpo na psicanálise ficou condenado ora ao corpo excluído, ora ao corpo doente.

No entanto, na medida em que a cultura contemporânea, como vimos, passou a trazer o corpo para o centro de sua cena, cada vez mais questões corporais foram se tornando queixas endereçadas aos psicanalistas, apresentando-se como "fonte de sofrimento, de frustração, de insatisfação, de impedimento à potência fálico-narcísica" (Fernandes, 2003: 17), exigindo portanto que o corpo fosse inserido nas teorizações psicanalíticas.

A característica do sofrimento corporal parece hoje ser, como dissemos anteriormente, a sua dificuldade de se expressar psiquicamente. Os sintomas que se manifestam atualmente no corpo apresentam uma descarga corporal que, no entanto, não chega a se traduzir psiquicamente. A fragilidade da elaboração psíquica é a marca desses sintomas corporais da contemporaneidade. Vemo-nos, assim, diante de um enorme desafio para o psicanalista. Como empreender uma clínica da palavra com pacientes que fazem do corpo – e estritamente dele – a sua queixa? Como propor ferramentas teóricas que avancem em relação à predominância da representação e do significante que marcou o campo psicanalítico? De que corpo se trata na psicanálise? "Se o corpo biológico como tal não pode ser objeto da psicanálise, existiria então um corpo abordável pelo instrumental teórico-clínico da psicanálise? Que corpo é esse que se mostra, às vezes insistentemente, e que pode ser acolhido pelo psicanalista na sua escuta?" (Fernandes, 2003: 18). Este é um desafio a ser enfrentado na clínica atual pelos psicanalistas, a cada caso, com os pacientes que expressam seus sintomas por meio das questões corporais.

O corpo anoréxico

No contexto da dominância do corpo na cultura, um modo no qual os sintomas corporais têm se apresentado com maior frequência recentemente tem sido o dos transtornos alimentares. A clínica atual testemunha um aumento nos casos de obesidade, bulimia e anorexia, que demonstram não apenas que o corpo toma hoje a frente da cena, mas também sinalizam a função da pulsão oral nas questões corporais.

Segundo Ogden (2003), a incidência da anorexia cresceu dramaticamente nos últimos 30 anos. Antes de 1960, o número de casos que se apresentavam nos hospitais dos Estados Unidos era bem baixo, mas por volta dos anos 80 esse quadro já era bem diferente, evidenciando um aumento dos casos de anorexia nervosa.

Com efeito, se concordamos com a premissa de que existe uma atualidade política da metapsicologia, podemos tentar estabelecer um paralelo entre algumas características da cultura de hoje e o aumento da incidência da anorexia mental. Observamos que a economia psíquica dessa condição clínica reúne alguns traços que podem ser correlacionados ao diagnóstico que se faz do mundo contemporâneo. Um exemplo dessa ressonância estaria na negação da figura da alteridade. Na anorexia, a recusa de alimento pode ser compreendida como recusa da alteridade, como negação do alimento ofertado pelo Outro. Ao dizer "não tenho fome", a paciente tenta se desatar, pelo controle do objeto da necessidade, de um outro intrusivo, da relação de dependência com o outro. A negação, aqui, pode ser uma forma de defesa contra a invasão do outro.

Assim, a resposta anoréxica consiste não apenas em uma forma de não demandar nada ao outro, mas também em uma maneira de anulá-lo. Trata-se, nos termos de Recalcati (2007), de um curto-circuito da demanda que, ao não interagir com o Outro, se encerra em um narcisismo mortífero sem Outro.

Como aponta Bidaud (1998: 25), a "bela obstinação" da anoréxica se apresenta como "um desafio soberano dirigido ao outro, de quem o sujeito quer demonstrar que não depende. O 'não tenho fome', proferido placidamente, é uma bofetada lançada ao outro".

Lacan (1956-1957/1995) discorre sobre essa oposição ao outro que se efetiva na anorexia tratando-a como uma reação à posição de dependência que o sujeito estabelece frente à onipotência da mãe. Neste sentido, ao estabelecer uma resistência à onipotência materna e à relação de dependência que aí se atualiza, a anoréxica promove uma inversão em relação ao domínio do Outro. A resistência nesse caso ocorre no nível do objeto, que nesse contexto aparece "sob o signo do nada" (ibid.: 190). Ao efetivar a inversão, a paciente torna-se senhora de sua onipotência ao alimentar-se de nada: "A partir daí, é ela quem depende de seu desejo, é ela quem está à sua mercê, à mercê das manifestações de seu capricho, à mercê da onipotência de si mesma" (idem).

Desse modo, ela não fica à mercê do Outro, mas à mercê de si própria. O poder da inversão está em derrubar a relação de força existente entre o sujeito e o Outro, estremecendo as bases da díade dependência/onipotência.

Por isso mesmo, Lacan entende o sintoma anoréxico como um "comer nada" (Lacan, 1956-1957/1995: 188) e não como um não-comer: "O que está em questão neste detalhe é que a criança come nada, o que é diferente de uma negação da atividade".

Assoun (1983: 134) desenvolve essa questão ao propor que na anorexia encontramos a dimensão de um "puro querer", um "domínio do querer", que na verdade se apoiaria sobre a negação do desejo. Há a neutralização do desejo sexual concomitante à ascese do corpo, que só pode se realizar, segundo o autor, por intermédio de um "querer de ferro".

Ocorre, então, uma desintrincação da fome e da sexualidade, e o emagrecimento do corpo tem sua fonte em um curto-circuito da sexualidade e da função nutritiva. Esse "querer de ferro" se apoia sobre a negação do desejo, reduzindo o Outro a um "objeto parcial" recusado ou a um instrumento de um programa de controle. A certeza que advém desse querer totalizador se apoia sobre a negação do desejo, pois o querer absoluto faz barragem ao desejo do Outro.

A demanda é assim invertida – nada mais querer dever à mãe, manifestando dessa forma que não quer depender: "Eu nunca pedi nada a ninguém" –, dando mostras de um sujeito que bloqueou qualquer comércio com o outro. Essa negação é realizada por meio do corpo, um "corpo-querer" que fez o luto da demanda e do desejo, parecendo somente desejar a si mesmo, até a morte: "Corpo fálico, enfim – com o longo caminho de sofrimento e de privação que implica este resultado. Mas isso permite justamente não mais precisar... de nada" (Assoun, 1983: 136). Assim, encontramo-nos diante de um sujeito que não quer depender, que "não precisa mais de nada" e que consegue bloquear a demanda ao outro utilizando o próprio corpo para atingir tal objetivo.

Portanto, pela via da recusa, o sujeito busca desfazer a relação de dependência maciça com o outro. No entanto, essa férrea oposição ao outro se desdobra em enrijecimento do corpo, materializando-se a negação em um corpo congelado. O bloqueio ao outro como traço central da anorexia tem como condição a obstinação que obriga o sujeito a perseguir seu ideal, mesmo que isso se dê à custa da morte.

Por outro lado, podemos articular a negação da alteridade com a relação conturbada da anoréxica com o espelho, com o que é da ordem da imagem especular.

Observa-se nesse quadro clínico um desligamento da imagem em relação ao corpo que faz com que a imagem narcisista não constitua o envelopamento corporal, deixando surgir aquilo que no corpo não se reduz à imagem. A dimensão pulsional do corpo retorna do exterior sob a forma de uma imperfeição da imagem vista como inaceitável. Revela-se aqui a dificuldade que o sujeito tem de metabolizar a dimensão real do corpo pulsional devido à ausência de suporte identificatório que o oriente nesta função. Dessa forma, o real do corpo retorna gerando fenômenos disperceptivos que fazem a disjunção entre a imagem especular e o corpo (Recalcati, 2008).

Portanto, também no que diz respeito à constituição da imagem corporal pode-se sugerir uma correlação entre a importância que a imagem especular possui nessa síndrome e o fato de a imagem ocupar lugar central na nossa cultura, descrita como sendo um mundo saturado de imagens. Evidentemente, o ideal de magreza que a cultura aspira não engloba a totalidade das razões da anorexia, mas o aumento da frequência dos sintomas corporais na clínica contemporânea conduz a que levantemos questões importantes para a compreensão dessa patologia.

Dessa maneira, observamos que a exigência do corpo magro tem ressonância com o ideal de magreza da atualidade, mas nesse quadro clínico ela assume dimensões macabras, pois passa a servir às forças mortíferas, atingindo a magreza o limiar de um corpo-cadáver que desafia o outro ao flertar com a morte.

Em relação ao corpo pulsional, a angústia da anoréxica diante do espelho reflete a presença do estranho na dimensão do corpo. De um lado, há a aparição do corpo magro como imagem ideal; de outro, a imagem "padece sempre de um excesso de carne que termina por evocar este como espectro da morte" (Recalcati, 2008: 83).

O impacto deste "corpo estranho" que deforma o espelho é gerador de enorme angústia e atesta a fragilidade da imagem corporal. A estranheza do corpo baseia-se, como dissemos, em uma defasagem entre o corpo e a imagem. A porção pulsional do corpo que não foi absorvida pela imagem retorna para o sujeito como se fosse um corpo estranho. Trata-se do excesso pulsional que é vivido pelo sujeito como algo estranho que viria de fora, algo que se apodera de seu corpo e de seu ser, sinalizando que a imagem identificatória não está servindo de sustentação para o corpo. O "corpo estranho" que invade a anoréxica é ao mesmo tempo o corpo do Outro do qual ela quer se separar e o "corpo próprio" do qual precisa se apossar.

Referências bibliográficas

Assoun, P.-L. (1983). *Freud et la femme.* Paris: Calmann-Lévy.

Bidaud, E. (1998). *Anorexia mental, ascese, mística.* Rio de Janeiro: Companhia de Freud.

Birman, J. (1999). *Mal-estar na atualidade.* Rio de Janeiro: Civilização Brasileira.

Freire Costa, J. (2005). *O vestígio e a aura – corpo e consumismo na moral do espetáculo.* Rio de Janeiro: Garamond.

Ehrenberg, A. (2004). O sujeito cerebral. *Psicologia Clínica,* v. 21(1), 187-213, 2009.

Fernandes, M. H. (2003). *Corpo.* São Paulo: Casa do Psicólogo.

Fortes, I. (2008). A adolescência e o corpo: considerações sobre a anorexia. In*:* Rezende Cardoso & Marty, F. *Destinos da adolescência.* Rio de Janeiro: 7Letras.

Fortes, I. (2010). L'actualité de la "névrose actuelle" freudienne. *Figures de la Psychanalyse*, nº 19, 235-250. Paris: Érès.

Freud, S. (1895). Sobre os critérios para destacar da neurastenia uma síndrome particular intitulada neurose de angústia. *Edição standard brasileira das obras psicológicas completas de Sigmund Freud*, v. III. Rio de Janeiro: Imago, 1976.

Lacan, J. (1956-1957). *O seminário, livro 4: a relação de objeto.* Rio de Janeiro: Jorge Zahar, 1995.

Lasch, C. (1979). *Culture of narcissism.* New York: Norton.

Mieli, P. (2002). *Sobre as manipulações irreversíveis do corpo.* Rio de Janeiro: Contra Capa.

Ogden, J. (2003). *The psychology of eating.* Oxford: Blackwell Publishing.

Orbach, S. (2009). *Bodies.* New York: Picador.

Ortega, F. & Bezerra Jr., B. (2006). O sujeito cerebral. *Mente e cérebro.* São Paulo: Duetto editorial.

Recalcati, M. (2007). *Lo homogéneo y su reverso. Clínica psicoanalítica de la anorexia-bulimia en el pequeño grupo monosintomático.* Málaga: Miguel Gomez Ediciones.

Recalcati, M. (2008). *Clínica del vacío: anorexias, dependencias, psicosis.* Madrid: Editorial Síntesis.

Sobre a clínica da dor: o desafio da construção de um espaço terapêutico

Márcia Arán
Raquel Alcides

Apesar de a dor ser a queixa mais frequente da história da medicina, o reconhecimento de sua importância ainda é apenas parcial entre os médicos. A maioria dos profissionais de saúde ainda entende a dor apenas como um sinal clínico e por isso não demonstra muito interesse pelo seu estudo ou pelo aprendizado de técnicas que auxiliem a combatê-la. Ainda assim, desde o final do século passado, a dor vem se tornando um objeto legítimo de estudo e prática médica. Essa transformação associa-se ao surgimento de um grupo ativo de profissionais que se dedicou a estudar alguns problemas complexos para os quais os tratamentos convencionais da dor falharam, dando origem à Clínica da Dor. Essa nova especialidade operou, ao longo de seu processo de construção, uma progressiva mudança no estatuto da dor. Em primeiro lugar, configurou um campo de observação e de prática a partir da definição da particularidade do fenômeno da dor clínica, ressaltando sua experiência subjetiva no contexto em que ela ocorre. Além disto, passou a compreender a dor crônica como uma doença específica definida como uma nova entidade.

Porém tomar a dor clínica como objeto de estudo e de prática implica assumir como objeto biomédico um fenômeno complexo, marcado pela invisibilidade e incomensurabilidade (Lima & Trad, 2008). Mais do que isto, considerar a dor como uma doença crônica implica visar não a cura, mas a administração da doença e, consequentemente, da vida do paciente. Essas particularidades têm um efeito significativo na prática médica, em especial no lugar que a subjetividade vem ocupar na clínica e na importância de se estabelecer uma relação médico-paciente que implique, necessariamente, na aproximação da experiência de adoecimento do indivíduo. Neste sentido, o tratamento da dor consiste no desafio de integrar os saberes médicos e psi numa prática interdisciplinar, como também na construção de um espaço terapêutico onde o corpo intensivo possa se expressar. Com este objetivo, apresentaremos inicialmente uma breve genealogia das clínicas de dor e as suas especificidades na atualidade. Em seguida, analisaremos algumas contribuições da psicanálise para a compreensão do fenômeno da dor e, finalmente, esboçaremos alguns elementos que consideramos fundamentais para a construção de um espaço terapêutico.

Da dor sintoma à dor doença

O projeto de uma medicina da dor foi elaborado pelo médico anestesista John Bonica, por ocasião do seu trabalho em um hospital militar durante a II[a] Guerra Mundial, quando se deparou com o problema das dores persistentes e intratáveis. Foi ao longo da sua experiência com esses pacientes que passou a se interessar por um aspecto da dor que até aquele momento havia sido negligenciado, qual seja, a "dor clínica", aquela que ocorre no cotidiano do paciente (Baszanger, 1998). Bonica percebeu que a maioria desses pacientes apresentava muitos sintomas, tanto psíquicos como somáticos, que poderiam estar relacionados com a perpetuação da dor. Assim, começou a consultar vários colegas de diferentes especialidades na tentativa de agregar informações que possibilitassem chegar a um diagnóstico e a uma proposta terapêutica. Essa atitude levou-o à conclusão de que havia um tipo específico de dor complexa que a medicina ainda não conseguia tratar adequadamente e que a abordagem coletiva iniciada por ele poderia se constituir como a solução para o tratamento daqueles doentes. Foi o embrião de um projeto que Bonica levaria quase 20 anos para desenvolver, qual seja, legitimar o entendimento e tratamento da dor como um fenômeno complexo que merecia uma atenção especial.

Esse empreendimento que teve como objetivo fazer da dor um objeto médico específico se deu através de uma dupla clivagem. A primeira operação consistiu em separar a dor como sintoma – sinal de uma patologia subjacente – da dor como doença – um problema em si mesmo. A segunda discrimina a dor do laboratório, que pode ser apreendida pelo método experimental, da dor clínica, que só pode ser entendida em função do contexto em que ela ocorre.

Em relação à primeira distinção, Bonica defende a ideia de que a persistência da dor leva à deterioração física e mental e consequentemente ao agravamento do quadro. A principal mudança de perspectiva em relação ao tratamento clássico da dor é a ideia de que se deve agir na dor por si só. Seus argumentos para defender essa perspectiva concentram-se em grande parte em configurar a dor como um fenômeno complexo que deve ser apreendido clinicamente como um todo, incluindo assim os efeitos psíquicos e físicos decorrentes de sua persistência. Esse cruzamento entre efeitos físicos e mentais possibilitava colocar automaticamente esses últimos dentro das preocupações médicas legítimas. Em relação à segunda clivagem, entre a dor clínica e experimental, o autor busca esclarecer que as conclusões dos estudos efetuados no ambiente controlado do laboratório, quando generalizadas para tentar explicar os fenômenos observados na clínica, são francamente insuficientes. Para sustentar esse ponto da sua argumentação, ele precisava construir uma dor clínica cientificamente viável, que não podia ser nem meramente experimental nem meramente subjetiva. Para isso, Bonica idealizou um esquema operacional de três vertentes. A primeira consistia em conceber a dor como um fenômeno dual, composto de percepção e reação: a reação à dor é entendida como um processo psicopatológico complexo. A segunda vertente refere-se à concepção de que a dor na sua fase inicial é uma sensação fisiológica e pode exercer uma função protetora para o organismo. Por outro lado, a dor na sua fase tardia e intratável passa a ser patológica em função dos efeitos físicos e mentais nocivos que ela desencadeia (Baszanger, 1998). Por último, Bonica refere-se à necessidade de conceber um espaço conceitual para integrar as reações do paciente com dor, reconhecendo assim as especificidades da abordagem clínica da dor que ocorre no dia-a-dia. É nesse último ponto que surge uma das principais inovações desse modelo teórico-prático.

Um dos aspectos enfatizados por Bonica é a abordagem clínica centrada na dor. Segundo ele, o médico "deve acreditar" no paciente, uma vez que a dor agora é definida a partir das reações que provoca no indivíduo. Assim, esse tipo de dor só pode ser abordado a partir da experiência do paciente. Nestes termos, a primeira tarefa do médico seria estabelecer uma relação de confiança com o paciente que favoreça o reconhecimento tanto da competência médica quanto da individualidade do paciente.

Bonica não se deteve diante das dificuldades encontradas para a legitimação da dor na medicina e, assim como outros que se agregaram a ele em tal empreitada, esse autor colocou o sofrimento dos pacientes acima do zelo pela cientificidade. O fato de ele não ter se contentado em excluir do seu campo de investigação os fenômenos que insistiam em não se encaixar no modelo hegemônico de leitura da realidade, ignorando-os ou diminuindo sua importância, mas propor-se a reconhecer a legitimidade de uma queixa que não pode ser correlacionada com precisão a um achado orgânico levou-o ao desenvolvimento de uma clínica que apresenta algumas particularidades não apenas no que se refere ao entendimento da doença, como também às práticas terapêuticas. Esta terapêutica inovadora propõe-se superar algumas posturas clássicas da medicina moderna como: a dicotomização entre mente e corpo; a desconsideração da experiência subjetiva do adoecimento; a busca por uma lesão tecidual que responda como causa última da patologia; a meta da cura; a neutralidade científica; a verticalidade na relação médico-paciente, entre outras.

Assim, tem-se uma grande discrepância entre este modelo de entendimento da doença e de administração dos cuidados em saúde e o modelo hegemônico nos serviços de saúde nos quais a medicina da dor é praticada.

Limites e potencialidades do modelo terapêutico da clinicas da dor

Em primeiro lugar, vale lembrar que tanto as potencialidades como os limites da efetivação do modelo terapêutico das Clínicas da Dor são provenientes da singularidade do seu objeto. Considerando que o paradigma que domina o ensino e a prática médica ainda é eminentemente dualista, na prática cotidiana das Clínicas da Dor a tentativa de localização espacial da dor no corpo e a definição das suas características ainda são as estratégias privilegiadas pelo médico na tentativa de dar inteligibilidade ao fenômeno doloroso. Tal racionalidade ainda é a forma mais segura para a orientação da terapêutica médica. Assim, quando o paciente apresenta sinais orgânicos claros que justifiquem a sua dor e indiquem com certa precisão a orientação terapêutica, os aspectos psicossociais não costumam chamar tanto a atenção do clínico. Porém, se esse mesmo paciente não apresentar melhora com o tratamento indicado ou se a apresentação das queixas assumir um padrão que não corresponda mais aos achados clínicos, a investigação dos componentes psicossociais que possam estar provocando a manutenção ou intensificação do quadro passam a ser buscados com mais afinco (Lima & Trad, 2008).

É importante destacar que essa dificuldade de analisar o paciente de forma complexa não é exclusividade do médico; o profissional de saúde mental, por exemplo, também tende muitas vezes a valorizar apenas os aspectos psíquicos do paciente através da suposição da existência de uma "dor psicológica" que restringe em muito a compreensão do fenômeno. Uma estratégia terapêutica própria das Clínicas de Dor para reduzir essa tendência natural à fragmentação do paciente pelas especialidades envolvidas no tratamento é o recurso ao exercício efetivo e dinâmico da ação interdisciplinar. Essa estratégia terapêutica tem grande potencial para produzir mudanças objetivas na prática dos profissionais de saúde. Certamente, é através desse encontro de diferentes saberes (às vezes complementares, outras vezes contraditórios e paradoxais) nas práticas de cuidado que se torna possível produzir um acréscimo real de conhecimentos, habilidades e atitudes capazes de instrumentalizar os profissionais para atuar em sintonia com as necessidades e demandas singulares de cada paciente, superando uma das principais falhas das práticas de saúde tradicionais.

Igualmente, submeter os impasses da clínica à discussão interdisciplinar é também uma forma de minimizar o risco de julgamentos e decisões precipitadas a respeito do paciente. Isso porque a colocação de diferentes pontos de vista suscita a reflexão e a busca por soluções mais elaboradas, minimizando o risco de julgamentos baseados em perspectivas unilaterais ou na reprodução padronizada e acrítica de protocolos. Desse modo, romper com a fragmentação e com a concentração da informação sobre o paciente pode ajudar a identificar os diferentes aspectos envolvidos no processo saúde-doença e ampliar o repertório de recursos para lidar com os diferentes fatores envolvidos nas situações de adoecimento.

Outro obstáculo enfrentado no cotidiano da clínica da dor refere-se à relação terapêutica médico-paciente. Esta expõe o profissional de saúde, em especial o médico, a situações muito diversas das convencionais e que por isso exigem habilidades que normalmente não são valorizadas na sua formação. Assim, a experiência do adoecimento de modo geral não é um objeto de estudo valorizado no curso de medicina.

Em relação à dor, em particular, ela ainda é pouco reconhecida como uma entidade médica. Dessa forma, na ausência de ferramentas que permitam dar conta das especificidades desse trabalho, o profissional acaba recorrendo a outros conhecimentos, crenças e valores, de forma mais ou menos consciente, para guiar o seu julgamento. Consequentemente, o que se passa numa consulta de um paciente com dor crônica na Clínica da Dor acaba muitas vezes aproximando-se mais de uma abordagem pessoal de cada profissional do que de um procedimento técnico padronizado.

Além disso, essa tarefa se torna ainda mais complexa caso consideremos que uma aproximação da experiência da dor e da doença implica aprender a guiar as ações terapêuticas a partir dos dados fornecidos pela narrativa do doente. Essa consideração pela narrativa do doente vai esbarrar em algumas exigências próprias do contexto mais geral em que as Clínicas da Dor estão inseridas. Um destes entraves é a necessidade que tem o profissional de saúde, especialmente o médico, de encontrar dados que possibilitem construir um raciocínio objetivo que possa orientar, de forma segura, o diagnóstico e as decisões terapêuticas. Essa exigência de chegar a um diagnóstico correto e uma terapêutica precisa, em outras palavras, não duvidar e não errar, própria da cultura médica, exerce uma pressão constante sobre o profissional, gerando muitas angústias e às vezes decisões precipitadas. Assim, quando as queixas do paciente insistem em não fornecer nenhum elemento que possa fundamentar o raciocínio clínico, a narrativa do doente corre o risco de ficar muitas vezes sob suspeição ou em segundo plano em relação à necessidade de se chegar a uma objetividade mínima. A ambivalência entre o respeito à subjetividade e a necessidade de objetivação está presente o tempo todo na prática clínica (Baszanger, 1998). Mais uma vez, o recurso mais eficaz para se lidar com os desafios da compreensão e do tratamento do paciente, superando os limites da racionalidade científica, é sem dúvida uma disponibilidade pessoal para construir um espaço terapêutico, o que nesse contexto significa uma possibilidade de se estabelecer um relacionamento empático entre o profissional de saúde e o paciente que permita acolher a experiência da dor na sua real complexidade. Neste contexto clínico, consideramos que a psicanálise teria muito a contribuir para a construção desta possibilidade terapêutica não apenas por considerar os aspectos subjetivos da dor na sua dimensão de intensidade, mas fundamentalmente por enfatizar a importância da construção de uma relação transferencial produtiva nas estratégias de promoção do cuidado.

A dor na psicanálise: o excesso incontido

Embora a dor não tenha sido um objeto de estudo privilegiado pela teoria psicanalítica, vários autores na atualidade se debruçam sobre o tema com o objetivo de teorizar esta experiência. Em geral, parte-se da constatação de que, apesar de Freud não ter nenhum estudo sistemático sobre a dor, é fato que existem muitas considerações a respeito desse assunto ao longo de sua obra. De acordo com Pontalis (2005), a dor é uma dimensão da experiência humana que sempre retorna na obra de Freud como um elemento perturbador, determinando, a partir disso, reestruturações teóricas importantes. Pode-se dizer que num primeiro momento a dor é identificada como um excesso traumático pontual e a experiência dolorosa é encarada como um acidente ou algo a ser eliminado. Em seguida, a dor assemelha-se a uma pulsão que demanda ligação e busca obter satisfação. Por fim, após a introdução do conceito de pulsão de morte, a dor passa a ser encarada como um processo constitutivo do humano, ou seja, um elemento presente na economia psíquica do indivíduo (Giovannetti, 2001). No entanto, as definições de dor que aparecem nas primeiras elaborações freudianas de alguma forma permanecem ao longo de toda a obra. Caracterizado como sendo um fenômeno provocado por uma ruptura nas barreiras de proteção, ou seja, um arrombamento provocado por quantidades de energia excessivas que invadem os dispositivos de proteção do psiquismo, a dor seria o que caracteriza um efeito de uma "implosão", ou seja, uma descarga de excesso de investimento no interior do corpo (Pontalis, 2005: 268).

Desta forma, a dor na obra freudiana, como materialização de uma experiência de excesso, aponta para o limite de uma racionalidade que pretende estabelecer uma divisão entre o físico e o psíquico, constituindo a necessidade do delineamento de um território teórico que permita a conceituação de um corpo intensivo (Peixoto Júnior, 2008; Birman, 1999; Borges, 2009). Apresentaremos a seguir algumas passagens que indicam esta exigência de trabalho, sem, contudo, esgotar as elaborações freudianas sobre o fenômeno da dor.

Alguns textos de Freud se tornaram referência para o delineamento da teorização psicanalítica sobre a dor. Destacam-se, num primeiro momento os "Estudos sobre a histeria" (1893-1895), o "Projeto para uma psicologia científica" (1895b) e o "Rascunho G: Melancolia (1895a). Como sabemos, Freud parte da concepção de que, quando uma experiência é acompanhada de uma grande dose de "afeto", esse afeto precisa ser "descarregado" seja através de atos reflexos conscientes, seja através de um desgaste gradativo pela associação consciente com outros conteúdos mentais. Na histeria, essa descarga afetiva não acontece e consequentemente o afeto permanece represado, e a lembrança da experiência a que está ligado é recalcada, isolando-se da consciência. Em razão dessa dissociação, a lembrança afetiva, quando ativada, se manifesta sob a forma de sintomas somáticos, que estão associados de forma indireta à lembrança suprimida. No entanto, é a elaboração da dor histérica, trabalhada especificamente no Caso Elisabeth, que introduz uma explicação dinâmica para a necessidade de ab-reação do afeto. Segundo Monique David-Ménard (2000), neste contexto seria justamente a dor o conceito que permitiria a Freud operacionalizar o mecanismo de conversão através da descoberta de um conflito considerado psíquico e doloroso ao mesmo tempo a ponto de ser intolerável.

Dando continuidade a estas elaborações a partir das conclusões extraídas da clínica, no "Projeto para uma psicologia científica", de 1895(b), Freud sugere que haveria uma proporcionalidade entre a intensidade dos traumas e a intensidade dos sintomas por eles produzidos, concebendo uma dimensão quantitativa do funcionamento do aparelho psíquico. Neste sentido, a dor, segundo Freud, seria o único fenômeno que pode ser interpretado como o resultado da falha em todos os dispositivos de proteção do sistema nervoso contra a ação destrutiva de investimentos excessivos. Deste modo, as facilitações promovidas pela dor provocam uma espécie de sensibilização dos neurônios que guardam em sua lembrança as experiências dolorosas. Aqui, é importante destacar que as marcas psíquicas deixadas pela experiência da dor incluem os próprios movimentos corporais associados ao objeto, salientando assim a presença de vivências corporais não associadas a uma representação psíquica.

No terceiro texto deste mesmo período – "Rascunho G: melancolia" (1895a) –, a dor aparece como um evento que provoca uma retração no psiquismo. Quando Freud compara os mecanismos psíquicos da melancolia e da dor, afirma que, na melancolia, os neurônios associados são obrigados a desfazer-se de sua excitação, o que produz sofrimento. Com isso, segundo o autor, instala-se um empobrecimento da excitação, "uma hemorragia interna" que atua como uma "ferida" (Freud, 1895a: 222). Pontalis (2005) salienta o fato de que Freud utiliza estas expressões para falar do extravasamento de um excesso, o qual constitui um obstáculo a toda a atividade de ligação, e não de uma falta.

Estas elaborações iniciais terão eco nos textos escritos a partir de "Além do princípio do prazer" (1920), onde o autor retoma a dinâmica quantitativa da dor através das considerações sobre o trauma. Neste contexto, Freud descreve o trauma e a dor como rupturas das barreiras protetoras do psiquismo por excitações poderosas vindas tanto do exterior como do interior do organismo. Essa ruptura é possibilitada tanto pela violência da excitação, que ultrapassa as capacidades de integração do princípio do prazer-desprazer, como pela surpresa, pois acomete o sistema num momento em que ele se encontra despreparado para esse evento. A diferença entre estes dois processos estaria na extensão dessa ruptura, que seria extensa no trauma e numa área limitada na dor. A partir da introdução da pulsão de morte nesse texto de 1920, o autor passa a conceber a dor como um excesso incontido pelo princípio de desprazer-prazer. Esta mesma dimensão será trabalhada em "O problema econômico do masoquismo" (1924), quando o autor definirá o masoquismo erógeno, para além dos domínios do princípio do prazer, como um resíduo no interior mesmo dos registros do erotismo (Fortes, 2004).

Esta noção de excesso incontido associado a uma experiência traumática pode ser melhor vislumbrada a partir das elaborações ferenzcianas sobre o trauma. Segundo Ferenczi, o trauma sempre provém de um fator externo que não pôde ser elaborado ou introjetado pelo aparelho psíquico. Soma-se a isto a experiência do não-reconhecimento por parte de quem cuida, ou pelo outro, daquela vivência traumática. Neste sentido, além da experiência real de violência destaca-se a experiência do não-acolhimento, o que acaba por produzir uma desarticulação de sentido e a não-inclusão de certas vivências em uma ordem associativa de elaborações (Ferenczi, 1931/1989; Reis, 2004). Nesta mesma linha de raciocínio, se tomarmos como referência a teoria winnicottiana de que todo o ser humano procura persistir em seu próprio ser e de que o ambiente suficientemente bom será decisivo na constituição de uma trajetória subjetiva, podemos pressupor o quanto uma experiência traumática de intensidade corporal pode gerar uma clivagem subjetiva com enormes consequências psíquicas.

A partir destas teorizações sobre o trauma, poderíamos afirmar que a dor pode se manifestar como um excesso não introjetado pelo aparelho psíquico. De acordo com Pierre Marty (1993), existiriam três grupos que poderiam abarcar as experiências dolorosas. No primeiro grupo estariam as dores com base orgânica identificada, potencialmente desorganizadoras para o aparelho psíquico. O segundo grupo abrangeria as dores que não têm um substrato orgânico, podendo tornar-se objeto de investimento afetivo, provocando uma certa clivagem do eu. Por fim, o terceiro grupo abrangeria as dores que exibem uma apresentação mista, nas quais fica difícil descartar totalmente a existência de uma base orgânica, embora esta seja pouco consistente, mas nas quais se tem também a impressão de que existem fatores de ordem psíquica contribuindo para a manutenção do quadro. Fica evidente, como dissemos anteriormente, a dificuldade de estabelecer fronteiras entre o físico e o psíquico, embora não possamos dispensar completamente estes termos.

A construção do espaço terapêutico: a inter-relação psique-soma

No entanto, o fato de nos referirmos ao físico e ao psíquico não significa necessariamente que devemos promover uma divisão entre estes dois registros. Segundo Winnicott, apesar de estarmos acostumados à oposição entre o físico e o mental numa conversa cotidiana, quando se trata da descrição das doenças esta separação imediatamente causa problemas. As perturbações psicossomáticas, sempre a meio caminho entre o físico e o mental, revelam justamente a precariedade desta divisão (Winnicott, 1949/2000: 333). Tentando fugir das tradicionais controvérsias ocasionadas pelos teóricos da "causalidade", ainda que como parte de um raciocínio médico ou psicológico, Winnicott propõe pensar o psique-soma ligado por um hífen e, neste sentido, como uma inter-relação que caracteriza um modo particular de funcionamento (Arán, Moriconi & Alcides, 2004). A "saúde" corresponderia a uma forma de desenvolvimento do indivíduo em que o psique-soma pode se constituir a partir de um ambiente que lhe oferece uma continuidade de existência, possibilitando um processo de inter-relação (Winnicott, 1949/2000: 334). O transtorno psicossomático aconteceria quando, ao contrário, este processo fosse interrompido por uma invasão à qual o indivíduo tivesse que reagir. Assim, o relativo fracasso do ambiente pode acarretar uma necessidade defensiva em que o hífen que separa e une o psique-soma se cristaliza, constituindo entidades isoladas. É importante salientar que não estamos afirmando que a dor seja um fenômeno psicossomático estrito senso, mas certamente estas elaborações nos permitem uma aproximação da complexidade do fenômeno da dor.

Tendo como referência as elaborações winnicottianas sobre o psique-soma, Anzieu (2000) afirma que a dor é um fenômeno capaz de apagar as distinções fundamentais e estruturantes entre o eu psíquico e o eu corporal, assim como entre o id, o ego e o superego. O autor destaca a natureza incomunicável da dor e sua capacidade de alienar o sujeito. Por outro lado, se para Anzieu a dor não é compartilhável, as defesas contra ela o são. Para explicar este raciocínio, o autor dá o exemplo do aprendizado dos bebês cujas mães são indiferentes. A mãe, mediante os cuidados que oferece, maximiza as funções de pele mantenedora e continente, restabelecendo o seu Eu-pele. Visto que o sofrimento físico do bebê é exuberantemente percebido pela mãe, os bebês cujas mães são indiferentes podem identificar na expressão da dor o único recurso para restituir a função continente à pele. Esse mecanismo defensivo pode dar origem ao "sujeito doloroso", o qual tenderia a usar o recurso de autoinfligir-se um invólucro real de sofrimento como meio privilegiado de estabelecer contato com o seu próprio corpo. Assim, ele fica reduzido a um funcionamento mecânico e indistinto do meio no qual o sofrimento pode funcionar como um índice de objeto real.

Para os pacientes que apresentam uma falha na inter-relação psique-soma, é fundamental que a relação terapêutica permita a vivência de experiências estruturantes que não foram possíveis ao longo da vida. Desta forma, a experimentação corporal na interação terapêutica, na medida em que o corpo do terapeuta possa ser objeto de investimento, seria fundamental para refazer os envelopes psíquicos. As sensações corporais devem ser analisadas no quadro da relação transferencial, dando sentido ao que o sujeito vive no nível do próprio corpo, ou seja, uma reinvenção da experiência de continuidade do psique-soma através do trabalho de *holding* (Ferragut, 2002).

A partir do que foi dito acima, podemos concluir que a construção de um espaço terapêutico no âmbito de uma clínica interdisciplinar, onde a racionalidade médica é praticamente hegemônica, se constitui como um desafio cotidiano que exige uma grande disponibilidade e criatividade por parte dos profissionais psi. No entanto, como a experiência da dor expressa os limites de uma racionalidade que separa o físico do psíquico, assim como envolve necessariamente uma narrativa e por isto mesmo uma relação transferencial, sempre existirá a potencialidade da construção de novas estratégias de cuidado e novos diálogos entre a psicanálise e a medicina.

Referências bibliográficas

Alcides, R. S. (2009). Estratégias terapêuticas no tratamento da dor crônica: uma genealogia da clínica da dor. Dissertação (Mestrado em Saúde Coletiva) – IMS/ UERJ, Rio de Janeiro.

Anzieu, D. (1989). *O Eu-pele.* São Paulo: Casa do Psicólogo.

Arán, M., Moriconi, L. & Alcides, R. (2004). O que pode a pele: breve relato de uma experiência com grupo terapêutico no Hospital Geral. *Psicologia Clínica,* 16 (1), 131-147.

Baszanger, I. (1998). Inventing pain medicine: from the laboratory to the clinic. New Brunswick: Rutgers University Press.

Birman, J. (1999). *Mal-estar na atualidade: a psicanálise e as novas formas de subjetivação.* Rio de Janeiro: Civilização Brasileira.

Borges, H. (2009). Sobre o movimento: o corpo e a clínica. Tese (Doutorado em Saúde Coletiva) – IMS/UERJ, Rio de Janeiro.

David-Ménard, M. (2000). *A histérica entre Freud e Lacan.* Escuta: São Paulo.

Ferragut, E. (2002). *Therapies de la douleur.* Paris: Masson.

Ferenzci, S. (1931). Análise de crianças com adultos. In: *Obras completas de psicanálise,* v. IV. São Paulo: Martins Fontes, 1990.

Fortes, I. (2004). O sofrimento na cultura atual: hedonismo versus alteridade. In: Peixoto Júnior (org.). *Formas de subjetivação* (pp. 69-94). Rio de Janeiro: Contra capa.

Freud, S. (1893-*1895*). Estudos sobre a histeria. In: *Edição standard brasileira das obras psicológicas completas de Sigmund Freud,* v. XX. Rio de Janeiro: Imago, 1990.

Freud, S. (*1895a*). Rascunho G: melancolia. *Edição standard brasileira das obras psicológicas completas de Sigmund Freud,* v. I. Rio de Janeiro: Imago, 1990.

Freud, S. (*1895b*). Projeto para uma psicologia científica. In: *Edição standard brasileira das obras psicológicas completas de Sigmund Freud,* v. I. Rio de Janeiro: Imago, 1990.

Freud, S. (1920). Além do princípio do prazer. In: *Edição standard brasileira das obras psicológicas completas de Sigmund Freud,* v. XVIII. Rio de Janeiro: Imago, 1990.

Freud, S. (1924). O problema econômico do masoquismo. In: *Edição standard brasileira das obras psicológicas completas de Sigmund Freud*, v. XIX. Rio de Janeiro: Imago, 1990.

Giovannetti, A. (2001). Dor: um campo psicossocial articulador de uma concepção estética do ato psicanalítico. Tese (Doutorado em Psicologia Social) – USP, São Paulo.

Lima, M. A. G. & Trad, L. A. B. (2008). Dor crônica: objeto insubordinado. *História Ciência Saúde Manguinhos*, XV, 1, 135-154. Rio de Janeiro: Casa de Oswaldo Cruz/Fiocruz.

Marty, P. (1993). A psicossomática do adulto. Porto Alegre: Artes Médicas.

Peixoto Júnior, C. A. (2008). *Singularidade e subjetivação: ensaios sobre clínica e cultura.* Rio de Janeiro: 7 Letras/Ed. PUC-Rio.

Pontalis, J. B. (2005). *Entre o sonho e a dor.* São Paulo: Idéias & Letras.

Reis, E. (2004). *De corpos e afetos: transferência e clínica psicanalítica.* Rio de Janeiro: Contra capa.

Winnicott, D. (1949). *Da pediatria à psicanálise.* Rio de Janeiro: Imago, 2000.

Apelo ao outro na dor física crônica: a dimensão melancólica da queixa[1]

Marta Rezende Cardoso
Patrícia Paraboni

> *[...] a tempestade da minha alma apaga em meus sentidos toda outra sensação senão a que dói aqui.*
> (Shakespeare, *O rei Lear*)

A dor física crônica nos propõe muitas questões, principalmente as que dizem respeito à sua etiologia, ao seu caráter de incurabilidade e à insistência de sua queixa. Dentre as causas apontadas na literatura sobre o assunto, deparamonos com dores crônicas em que a etiologia repousa sobre um dano ou lesão orgânica e também com dores nas quais não há qualquer comprometimento orgânico, donde nos sentirmos inclinados a classificá-las como psicogênicas.

A dor física crônica se diferencia de uma dor aguda pelo tempo de duração que, em geral, se estende por mais de seis meses. As dores agudas funcionam como alerta do organismo diante da ocorrência de uma lesão, e por este motivo são consideradas pela medicina como sintoma. Em contrapartida, a dor física crônica ultrapassa esta configuração, e seu caráter incurável confere-lhe o estatuto de patologia. Nosso olhar

1 Agradecemos a Pedro Henrique Rondon a cuidadosa revisão final de texto.

se volta aqui para os casos de dor crônica cuja etiologia não está relacionada a algum comprometimento orgânico.

Iremos examinar algumas particularidades desse fenômeno e sua proximidade, no que concerne a determinados fatores, ao quadro da melancolia. A formulação de tais hipóteses surgiu, principalmente, a partir das queixas de dores físicas trazidas de modo insistente por certos pacientes, bem como do caráter incurável dessas dores. A queixa que insistentemente repetem tem, na verdade, endereçamento: é preciso que alguém ouça esta "ladainha sem fim", que a testemunhe e dê garantia de que de fato há intenso sofrimento, que a sua dor é verdadeira, legítima.

Consideramos que a dor tem caráter relacional inerente, de apelo, de anseio de cuidado. No decorrer deste artigo, voltado especialmente para as relações eu-outro e para a impossibilidade de realização do trabalho do luto que a queixa das dores físicas vem sinalizar, tentaremos apontar para a dimensão de apelo desesperado ao outro que o ato da queixa de dor parece desvelar. Como veremos, este apelo também se dá através da própria apresentação do corpo doloroso e também se dirige, em última análise, a um outro.

Dor: o processo de luto interditado?

Observamos nos sujeitos que sofrem de dor física crônica a presença de notória dificuldade em abdicar de sua dor. Dentre vários outros fatores, esta dificuldade estaria fundamentada na impossibilidade de realização de um processo de luto, o que incide sobre o processo de interiorização do objeto, no sentido de este poder vir a ser efetivamente "perdido". O trabalho de luto que, em última instância, promoveria um trabalho de separação revela-se "interditado" para o sujeito doloroso crônico. O que determinaria a presença desse obstáculo?

Nos primórdios da vida o bebê vem a se diferenciar da figura materna a partir do investimento libidinal feito por esta. Esta diferenciação só pode se dar quando a mãe é capaz de investir a criança como um ser separado de si mesma, como ser autônomo. Neste momento, a dor em questão é a dor de separação, de perceber-se como ser separado. Deste modo, podemos considerar a dor como sendo constitutiva da vida psíquica, pois é a partir dessa experiência de dor que se tornará possível perceber-se, no plano narcísico, como um "si próprio", e isto a partir do reconhecimento da alteridade do outro.

Marisa Maia (2005) nos fala da "dor de existir" e da "dor psíquica", distinção, de fato, fundamental, pois concerne à diferença entre uma dor constitutiva e outra experiência de dor cujo caráter é desestruturante. A dor seria experiência central no processo de subjetivação, e o seu destino – como dor de existir ou como dor psíquica – dependerá do grau de seu acolhimento por parte do outro. Quando é objeto desse acolhimento, essa experiência se configura como apelo à vida, desencadeando e possibilitando processos psíquicos de subjetivação. Porém, na ausência do acolhimento da dor, a dor psíquica tende a se instalar.

A dor psíquica corresponde a uma ruptura no para-excitação, ou seja, diz respeito à violência que, por sua vez, adviria de falha na contenção da excitação pelo eu. Primeiramente é a mãe que exerce a função de para-excitação; a partir do investimento materno, o eu vem a se constituir como unidade separada e autônoma, tornando-se capaz de exercer esse papel defensivo outrora exercido pela mãe. A dor de existir pode ceder lugar à dor psíquica, processo que Marisa Maia considera como um "estado emocional que leva o sujeito a uma experiência impensável, próxima à de aniquilamento" (Maia, 2005: 76).

A dor é a mola mestra na construção do objeto interno, impelindo o sujeito em direção ao objeto. Observamos a presença deste apelo quando, a partir de uma sensação de dor física, a criança chora ou grita solicitando auxílio de alguém. No entanto, a partir de certo limiar de dor, diante da falta de resposta do objeto, a dor psíquica poderá se substituir ao trabalho de luto a partir do qual o objeto perdido viria a ser interiorizado.

No texto de 1926, "Inibições, sintomas e ansiedade", particularmente no "anexo C", Freud traça uma distinção entre angústia, dor e luto, relacionando-os à experiência de perda do objeto, e pretende aí examinar a vivência da dor no processo de luto. Considerando que a separação de um objeto seja uma experiência necessariamente dolorosa para o sujeito, o autor se interroga: em que circunstâncias esta separação produzirá angústia ou produzirá dor psíquica?

Na tentativa de elaborar esta questão, Freud se refere, a título de ilustração, à situação da criança que se depara com um estranho no lugar da mãe. Segundo o autor, a expressão do rosto da criança e sua reação de choro indicam que ela estaria sentindo dor. Nesta circunstância, a dor psíquica irromperia porque a criança não seria capaz de distinguir a ausência temporária da mãe de sua perda permanente. Ao perder a mãe de vista, a criança tende a se comportar como se nunca mais fosse reencontrá-la.

Freud fornece ainda outra indicação: a mãe deve proporcionar à criança repetidas experiências consoladoras, fazendo com que ela compreenda que seu desaparecimento será seguido pelo seu reaparecimento. Deste modo, as ausências da mãe não levarão a criança ao estado de terror e desespero, mas serão vivenciadas com um sentimento de nostalgia.

A construção do objeto interno (a partir do objeto externo) poderá permitir uma "autoconsolação". Esta expressão é utilizada por Gabriel Burloux (2004) para designar a capacidade de reparar a si próprio. Esta depende das relações estabelecidas com o objeto externo, supondo-se que os objetos internos tenham sido construídos sobre base narcísica de boa qualidade. Mas esta construção pode se dar com algumas falhas – fissuras – ou então com "aderências", como André Green (1988) prefere denominá-las. Trata-se de zonas sensíveis, vulneráveis, uma vez que podem vir a despertar uma dor (psíquica). Neste caso, a dor da perda é a dor de uma ferida narcísica, de uma *perda no eu.*

Green (1988) considera igualmente que a questão da perda do objeto tem papel fundamental na estruturação do psiquismo humano. O autor nos fala de um "luto branco", caracterizado por uma perda que seria sofrida no âmbito do narcisismo. Esse luto branco resultaria de desinvestimento maciço, radical e temporário, o qual deixa marcas no inconsciente sob a forma de "buracos psíquicos" que correspondem ao que o autor considera como "estados de vazio". Esse desinvestimento relaciona-se ao que ele trata em termos de "complexo da mãe morta", fazendo referência não à morte real da mãe, mas à "morte" de sua imago no psiquismo da criança. A mãe permanece viva, mas passa à condição de "morta", psiquicamente, para a criança. Essa experiência de catástrofe se dá quando há desinvestimento brutal e repentino da mãe no filho; o amor é repentinamente perdido. Além da perda do amor, dá-se aí também uma perda de sentido, já que a criança não terá condição de representar essa experiência.

Como acrescenta Green (1988) a propósito do "complexo da mãe morta", a tristeza da mãe e a diminuição do interesse pela criança estão, nestes casos, em primeiro plano. A mãe vem a retirar parte de seu investimento libidinal no filho devido, muitas vezes, à depressão, a um luto não elaborado o qual, por sua vez, pode ter sido desencadeado pela perda de algum ente caro a ela, ou então por decepção experienciada como um infortúnio na família, separação dos pais, humilhação, etc.

Inicialmente a criança foi investida e sentia-se, portanto, amada, tendo com a figura materna uma relação rica e gratificante. Entretanto, repentinamente sobrevém a "catástrofe": a perda de amor e de sentido, ou seja, o desinvestimento materno. A criança, que antes se percebia como centro do universo materno, tende a fantasiar que esta decepção resulte da ação das suas próprias pulsões dirigidas ao objeto. A situação vem a se agravar se isto tiver se dado na ocasião da descoberta da existência do pai (do terceiro na relação), tendendo ela a considerar a entrada da figura paterna como causa do desinvestimento materno.

De acordo com o autor, é comum nestes casos que o processo de triangulação tenha apresentado caráter precoce e deficitário. A triangulação vem a se instalar, mas com a seguinte configuração: criança – mãe – objeto desconhecido do luto da mãe. Este processo possui caráter precoce em função de a ocorrência do desinvestimento materno assim como a percepção do terceiro na relação terem ocorrido numa etapa em que a separação quanto ao objeto e a consequente constituição narcísica ainda se encontravam num período inicial. Opera-se, assim, uma espécie de condensação entre a figura do pai e o objeto desconhecido do luto da mãe.

Diante da perda do amor da mãe, o eu também põe em ação um movimento de desinvestimento do objeto materno, que implica identificação inconsciente com a "mãe morta". Nos termos de Green (1988), vemo-nos aqui diante do "assassinato psíquico" do objeto, o qual se fundamenta numa identificação com este segundo um modo muito primitivo. Trata-se, com efeito, de identificação em espelho, espécie de mimetismo mediante o qual o sujeito torna-se o próprio objeto, processo bem distinto de uma efetiva identificação que resultaria em ser "como o objeto". O termo aderência revela-se bastante apropriado para esta circunstância já que, em vez de proporcionar separação, o encontro com o objeto vem promover justamente o contrário, ou seja, absoluta aderência a ele.

Sobre este aspecto, encontramos nas postulações de René Roussillon (1999) uma contribuição interessante segundo a qual o desinvestimento, por parte do eu, do objeto materno funcionaria como medida protetora, retirando, de certa forma, o sujeito da experiência de catástrofe – da realidade traumática – e vindo a promover uma solução solipsista. Esta constitui uma espécie de tratamento psíquico ou de "procedimento autocalmante" engendrado pelo psiquismo como medida defensiva, em oposição ao retorno da experiência de catástrofe. Diante da vulnerabilidade da imagem materna, a agressividade não pode se voltar para fora; então o sujeito se deixa "morrer".

Parece-nos que no caso dos dolorosos crônicos esta agressividade volta-se contra o eu. Tal sujeito, através de sua dor física, dá-nos indícios da dimensão de sua hostilidade para com o objeto. A violência com a qual a dor física consome o seu eu paralisa-o, enquanto este, inapto a ligar a excitação, permanece subjugado ao objeto, identificado, portanto, de modo radical, à mãe morta. A agressividade fica enquistada e voltada para o eu, pois o objeto parece não suportar a carga hostil que a ele se dirige. O eu, impossibilitado de perder o objeto – pois este lhe garante a sobrevivência –, deverá deixar morrer uma parte de si para salvar o restante.

A retirada repentina do investimento libidinal da mãe vem obstaculizar na criança a emergência desta como "ser". Ela busca encontrar o responsável por seu infortúnio, ou seja, o objeto desconhecido do luto da mãe, causa de seu desinvestimento. Além de provocar o desinvestimento do objeto materno e promover a identificação em espelho com a "mãe morta", este processo pode estar também na base de uma segunda frente de defesa egoica: a incorporação regressiva, a excitação autoerótica e a busca de um sentido perdido. A incorporação regressiva diz respeito ao desejo de dominar o objeto, de vingar-se dele, o que parece estar relacionado com a suposta segurança que se adquire através da "conquista" de certa identidade; no caso dos pacientes dolorosos crônicos, a identidade de se "ter a dor".

Nos escritos de Freud sobre a questão do luto e as impossibilidades de realização de tal trabalho, encontramos o tema da melancolia como patologia que se caracteriza justamente pela impossibilidade da realização deste trabalho. Vejamos quais as contribuições de um estudo do modelo da melancolia para o avanço na compreensão de nossas questões.

Melancolia e dor física crônica

Em 1917, no texto dedicado ao tema do luto e da melancolia, Freud empreende uma investigação acerca da perda do objeto. Na melancolia, a perda do objeto se dá com a perda da estima de si mesmo, como ferida narcísica. O objeto perdido do melancólico é um objeto odiado, posto que decepcionante. Este caráter confere à experiência de perda um sentimento de abandono, experienciado como perda de apoio e de amor, que atinge as bases do narcisismo e da integridade do eu. Freud investiga a natureza da melancolia a partir de sua comparação com o processo de luto. Esses estados apresentam muitas semelhanças, mas na melancolia haveria um aspecto que difere do luto, a saber, a perturbação na autoestima, um empobrecimento egoico.

A melancolia também se configura como reação à perda do objeto, mas esta perda é de natureza ideal, o que se expressa nas autoacusações que faz o sujeito. O ódio contra o objeto transforma-se em ódio contra o eu. O melancólico insiste em comunicar as suas misérias numa espécie de autodifamação, encontrando satisfação no desmascaramento de si mesmo. Essas autodifamações configuram-se como verdadeiras encenações, dando-se no nível da "atuação", e exigem, de certa maneira, uma testemunha, capturando um espectador. Vale já notar que a queixa do doloroso crônico também possui tal configuração, ambas capturando a atenção do outro seja pelo espetáculo das autoacusações, caso do melancólico, seja pela dor que irrompe e cuja expressão é uma queixa insistente e inconsolável.

A perda de que sofre o melancólico é uma perda no eu. Nesta patologia uma parte do eu se coloca contra a outra, julgando-a de maneira crítica e tomando-a como objeto. Freud percebera que as acusações empreendidas pelo melancólico não se aplicavam ao próprio paciente, que eram dirigidas, de fato, ao objeto amado, mas foram deslocadas do objeto para o eu.

Isto se dá porque anteriormente à perda houve uma escolha objetal que envolvia ligação libidinal de tipo narcísico com tal objeto. Devido a uma desconsideração ou desapontamento, o vínculo libidinal vem a ser rompido, motivo que promove a retirada da libido desse objeto e deslocamento/retraimento da libido para o eu. No luto, diante do rompimento do vínculo libidinal, a libido é dirigida ao eu, mas depois vem a ser novamente investida em outros objetos. No caso da melancolia, isto não se realiza: o retorno da libido sobre o eu promove uma identificação do eu com o objeto abandonado. Assim, a "sombra do objeto caiu sobre o ego" (Freud, 1917 [1915]/1996: 254); o eu é dominado pelo objeto.

A transformação da perda do objeto numa perda do eu revela-se possível em função de o tipo da escolha de objeto estar assentada numa base narcísica. Este tipo de escolha parece ancorada numa fase identificatória anterior à da escolha objetal, ou seja, é uma primeira forma na qual o eu deseja incorporar de maneira canibalística o objeto em si. Ele o faz devorando-o. A melancolia parece se configurar como regressão da catexia objetal para a fase oral (canibalística) ainda narcisista da libido.

As autoacusações na melancolia parecem constituir um tipo de vingança contra o objeto original. Através de sua doença, o melancólico também tortura o ente querido que, em geral, encontra-se em seu ambiente próximo. Conviver com um melancólico certamente é muito difícil, assim como o é a convivência com um doloroso crônico. Ambos parecem, através de sua patologia, impor certo castigo às pessoas que lhe são próximas, estabelecendo com elas uma relação sádica, se assim podemos dizer.

Na melancolia, lutas são travadas em torno do objeto; amor e ódio se digladiam; o amor (libido) refugia-se no eu para escapar à extinção. Após o retraimento da libido para o eu, o processo aparece como conflito entre o eu e o agente crítico (supereu). O eu se degrada e se enfurece contra si mesmo. Segundo Freud, o conflito no ego, ou melhor, a luta pelo objeto na melancolia atua como uma ferida dolorosa, que exige um contrainvestimento bastante elevado.

Uma vez que o objeto é perdido, uma ferida narcísica é reativada e advém, então, uma dor psíquica insuportável a qual, nos casos de dor crônica, é encaminhada para o corpo como modo de defesa e, ao mesmo tempo, de preservação do elo com o objeto. Jean-François Daubech (1993) chega a afirmar que a dor física teria função de guardiã do luto, tal como Freud concebe o sonho como guardião do sono. Tal proposição apoia-se no fato de que a dor marca a entrada num processo de luto, mas também constitui uma barreira neste processo, interditando-o. Diante da impossibilidade de realizar o trabalho de luto, a dor física crônica, ao mesmo tempo que protege o eu do aniquilamento – pois perder o objeto significaria, em última instância, perder o eu – funcionaria como uma maldição, aprisionando o eu numa espécie de inferno doloroso.

Nos relatos da história de vida dos dolorosos crônicos, principalmente dos lombálgicos, Burloux (2004) observa que a dor torna estes pacientes inválidos. Diante da falta de lesão somática, a dor e a sua queixa pareciam preencher todos os espaços. A catástrofe da infância – desamparo originário – ressurge no trauma atual, na forma de um *a posteriori* de um trauma precoce. Este tende a se repetir de forma demoníaca, como lembra Burloux, parodiando as palavras de Freud em 1920. A lombalgia psicogênica é sentida como verdadeiro corpo estranho, uma maldição situada num período de vida infernal.

Os próprios pacientes propõem um modelo traumático para a origem de sua dor: "o acidente". O "acidente/acontecimento" que teria dado início ao inferno doloroso, ou seja: a emergência da dor física e de sua queixa teria sido desencadeada por uma perda, vivenciada como tal. Esta também se configuraria como perda da possibilidade de investimento em outras atividades como, por exemplo, no trabalho, nas relações amorosas em proveito de investimento maciço na dor física crônica. Após o acidente o sujeito não pode mais agir; ele apenas reage a um objeto estranho, e a dor física passa a ser hiperinvestida. O "acidente" marca o fim de um período e um novo desapontamento com o objeto.

Diante da ferida no nível do eu, a dor física crônica parece instalar um "neonarcisismo doloroso", ou seja, um tipo de trabalho singular que impõe modificações profundas e duradouras ao psiquismo. A dor física crônica passa a ser superinvestida continuamente para que a perda do objeto – em última análise, a perda no eu – não resulte em aniquilamento. A dor física parece ser investida como uma espécie de maternagem paradoxal: simultaneamente, protetora e mortífera.

Nesta retomada que fazemos do modelo da melancolia como base de compreensão do fenômeno doloroso crônico, a expressão "melancolia do corpo", utilizada por Burloux (2004; tradução nossa) para se referir à dor física crônica, parece-nos muito pertinente. Tal proposição apoia-se no fato de que uma "melancolia do corpo" constituiria uma solução dolorosa física que vem a se instalar para preencher, no psiquismo, o vazio deixado pela perda não elaborada do objeto. A dor corporal substitui, assim, o luto evitado, posto que impossível de ser realizado.

Em 1926, Freud mostrara que a dor física serve de paradigma para a dor psíquica:

> a intensa catexia de anseio que está concentrada no objeto do qual se sente falta ou que está perdido (uma catexia que aumenta com firmeza porque não pode ser apaziguada) cria as mesmas condições econômicas que são criadas pela catexia da dor que se acha concentrada na parte danificada do corpo (Freud, 1926 [1925]/1996: 166).

Na dor física há investimento narcísico, enquanto na dor psíquica ou mental é o investimento de objeto que está em pauta. O anseio pelo objeto que não responde aos apelos da criança é altamente investido, e a impossibilidade de inibi-lo cria o estado de desamparo psíquico, ou seja, a dor psíquica estaria na base tanto da melancolia quanto da dor física crônica de etiologia psicogênica. Sendo a dor psíquica a base da dor física, então podemos entrever que na dor física crônica os dois tipos de investimento vêm a se confundir.

Nas situações de dor física crônica o corpo substitui o objeto perdido. A dor corporal é necessária para manter vivo o objeto perdido, justamente porque a perda do objeto revela-se psiquicamente irrepresentável para este sujeito. O doloroso crônico está impossibilitado de simbolizar tal perda, porque os seus limites tornaram-se precários pela ferida narcísica decorrente do desinvestimento materno. Por esta razão ele precisa do objeto-dor física para lhe assegurar um mínimo de contenção, de limite. A dor física, como substituto do objeto perdido, acaba por assegurar o elo com o objeto. Mas a manutenção deste elo tem um preço, que é pago com a submissão ao objeto-dor devido à impossibilidade de elaborar a sua perda.

Nos pacientes dolorosos crônicos a dor é valorizada como possessão/domínio do qual o paciente não quer se desfazer, porque a dor constitui para ele um signo identitário, mesmo que ao preço de uma dependência alienante. O paciente investe a dor porque é através e por meio dela que ele se reconhece; por seu caráter excitatório, a dor física funcionaria como estranha garantia do sentimento de existência, de identidade. A queixa da dor física, conforme aponta Burloux (2004), seria indispensável para a afirmação narcísica. O "ter a dor" parece povoar um interior que poderia ser "deserto". Um deserto no sentido de *um vazio de um ser que se sustenta pelo ter.*

Para ilustrar o que estamos indicando, citemos uma frase do "Lamento di Arianna" de Monteverdi: "Foi meu sofrimento que falou, foi minha dor que falou, mas não meu coração" (Monteverdi, *apud* Janin, 1997: 148). Podemos observar neste trecho como o sujeito é dominado pela dor, é passivo diante da dor; quem fala é a dor física.

Burloux (2004; tradução nossa) acredita que quando o paciente diz, por exemplo, "eu tenho dor de cabeça" a posição por ele adotada denota posse, por parte do eu, da dor que o acomete. Em contrapartida, se o paciente disser "a dor me faz sofrer" ou "eu sofro de dores de cabeça", a posição passiva do sujeito é enunciada de modo explícito. Nesta inversão passividade-atividade empregada por meio do modo de se exprimir a queixa pode-se perceber a tentativa de controle, ainda que ilusório, pela via da linguagem, recurso utilizado para se tentar escapar do encontro com o vazio.

O anseio pelo outro na queixa do doloroso crônico

Na clínica do doloroso crônico, a presença constante de uma queixa parece indicar a busca de uma saída dessa situação. Há uma queixa de dores físicas com a crença de que estas adviriam de algum comprometimento orgânico, ainda que os médicos geralmente não encontrem lesão que as justifique. Esses sujeitos tendem a procurar muitos médicos, realizando inúmeros exames, e geralmente os médicos vêm a encaminhá-los a atendimento psicoterápico. Os pacientes dificilmente buscam essa modalidade de ajuda por conta própria, pois acreditam que seu mal seria orgânico e não psíquico, não estabelecendo qualquer relação entre suas dores físicas e fatores de ordem psíquica.

Esses sujeitos constroem "teorias" para explicar as suas dores físicas, tentando explicá-las e localizá-las no corpo de modo bem detalhado. Quando se encontram em situação de análise, a maior parte do tempo da sessão é ocupada com as queixas de suas dores físicas. A descrição que fazem de suas dores e de seu corpo geralmente não corresponde ao corpo anatomofisiológico da medicina.

A queixa atual parece, no entanto, referida a uma queixa mais antiga, talvez própria aos primórdios da vida psíquica:

aquela de uma mãe que não foi capaz de proporcionar ao futuro doloroso crônico um apaziguamento, alguma "consolação". A dor originária – aquela que seria própria ao estado de desamparo experienciado pelo bebê diante da irrupção de excitações que, sozinho, não é capaz de apaziguar – é inerente ao humano. Neste sentido Berlinck (1999) considera a humanidade uma espécie dolorida, porque habita originariamente na dor e porque, a partir da dor, como mostramos acima, poderá ocorrer o processo de individuação. Mas desejamos dar ênfase justamente à dor psíquica, dor na qual o processo de separação revela-se de alguma maneira entravado.

O corpo sem dor é uma aquisição, não é algo dado; ele precisa ser construído com o auxílio e o investimento materno. O corpo sem dor é uma construção da mãe, que aplaca e consola a dor do bebê. A mãe desempenha o papel de para-excitação para o bebê. É na relação afetiva com a mãe que, aos poucos, vem a se formar no bebê a representação do objeto-mãe. A consolação materna cria a possibilidade de autoconsolação, da qual decorre a possibilidade de reparar a si mesmo sem o auxílio do objeto externo propriamente dito.

Como tentamos mostrar, quando essa função da mãe é falha, o objeto interno mãe não é adequadamente constituído, instalando-se, então, a dor psíquica. A dor crônica surge como uma "solução psíquica" para essa falta ou falha no processo de interiorização da alteridade interna. Uma vez que esse anteparo constitutivo falhe ou seja insuficiente, a dor no corpo, uma vez que não pôde ser representada psiquicamente, repete-se, buscando, por exemplo na relação com o médico, outra solução, uma possibilidade de aplacar a dor da ausência/falha da mãe.

O médico nem sempre responderá a essa demanda, pois seu objetivo é curar a lesão. Porém, diante do doloroso crônico, ele se vê num impasse, pois ali não há comprometimento orgânico no sentido etiológico que pudesse justificar a dor física. Sabe-se que não se trata de uma dor orgânica, ainda que se desconheça a singularidade da dor da alma que estaria presente naquela queixa. O doloroso crônico procura o médico, pois essa relação parece se aproximar daquela dos cuidados maternos de outrora: ele recebe da mãe assim como do médico o toque, o consolo, a representação ou o sentido para o que está se passando em seu corpo, e o alívio. Mas diante da falta de lesão o saber médico parece não poder dar conta da demanda feita por esses pacientes que sofrem e se queixam de dores físicas.

Os pacientes dolorosos crônicos que procuram atendimento são inconsoláveis, pois a dor física parece protegê-los da dor psíquica; eles se entregam, assim, a uma *cultura da dor*. Além disso, como sublinha Burloux (2004), reencontrar-se nas mãos e diante da autoridade dos "grandes" é frequentemente vivido como ferida narcísica que será paradoxalmente agravada pelo fato de os "grandes" se mostrarem ineficazes. Em última instância, os "grandes" referem-se aqui primeiramente à mãe e depois ao médico, pois ambos parecem fracassar em sua tarefa de consolar a dor deste paciente.

Entendemos que há um endereçamento na queixa da dor física, mas talvez esta seja incurável porque o sujeito repete, através dela, uma situação de fracasso anterior e primariamente estabelecida. Impotente, ele torna o médico também impotente como era impotente a mãe, restabelecendo assim a relação antiga e a perpetuando numa queixa que não tem fim nem cura.

O eu é alterado porque precisa manter a dor física como forma de evitar o seu aniquilamento; isso demanda grande dispêndio de energia, e o eu fica permanentemente esvaziado, o que impede, portanto, que outros investimentos possam ser empreendidos. Dessa forma, a dor física crônica toma o lugar do eu, e é por esta razão que a queixa revela-se tão intensa nessas afecções. O caráter irreparável – revelado já nessa impossibilidade de fazer a queixa cessar – também parece advir daí, uma vez que a dor física provoca a impossibilidade do eu quanto a investir em outros objetos.

A expressão da queixa no doloroso crônico possui, portanto, dupla função: de apelo e de afirmação de necessidade de cuidado. Com sua demanda de cuidado e ajuda, a queixa dolorosa mantém, no entanto, a tirania da dor física, esta se configurando, entretanto, como maneira extrema de dominar a passividade diante de uma situação de desamparo. Diante desta vivência, o bebê grita ao seu cuidador para que venha em seu auxílio e apazigue, assim, sua dor. O doloroso crônico faz este mesmo apelo através de sua queixa. Assim como o grito, a queixa também constitui um pedido de auxílio, de socorro.

Concluímos este artigo lembrando da história "Le roi pêcheur" de Julien Gracq, citado por Jacques Le Dem (1993), na qual o personagem Amfortas vê-se aterrorizado com a ideia de que Perceval o possa curar de sua ferida, pois para ele a sua ferida é o que o liga aos outros homens; ele somente se sente existir por meio de sua doença; portanto, com a cura ele tem medo de desaparecer, de se tornar invisível.

Referências bibliográficas

Berlinck, M. T. (1999). A dor. In: Berlinck, M. T. (org.). *Dor* (pp. 7-22). São Paulo: Escuta.

Burloux, G. (2004). *Le corps et sa douleur*. Paris: Dunod.

Daubech, J.-F. (1993). Glossodynie. In: *Nouvelle Revue de Psychanalyse* – "La Plainte", 47, 67-82. Paris: Gallimard.

Freud, S. (1917 [1915]). Luto e melancolia. *Edição standard brasileira das obras psicológicas completas de Sigmund Freud*, v. XIV. Rio de Janeiro: Imago, 1996.

Freud, S. (1920). Além do princípio do prazer. *Edição standard brasileira das obras psicológicas completas de Sigmund Freud*, v. XVIII. Rio de Janeiro: Imago, 1996.

Freud, S. (1926 [1925]). Inibições, sintomas e ansiedade. *Edição standard brasileira das obras psicológicas completas de Sigmund Freud*, v. XX. Rio de Janeiro: Imago, 1996.

Green, A. (1988). *Narcisismo de vida, narcisismo de morte*. São Paulo: Editora Escuta.

Janin, C. (1993). Mal-être sans fin et mal-être avec fin: quelques considérations sur la plainte. *Nouvelle Revue de Psychanalyse* – "La Plainte", 47, 19-27. Paris: Gallimard.

Le Dem, J. (1993). Le chant de la plainte. *Nouvelle Revue de Psychanalyse* – "La Plainte", 47, 9-27. Paris: Gallimard.

Maia, M. S. (2005). Da dor de existir ao insuportável da dor psíquica: considerações sobre a negação da dor na atualidade e processos de subjetivação. *Cadernos de Psicanálise – Sociedade de Psicanálise da Cidade do Rio de Janeiro* – Dor, 21 (24), 73-95.

Roussillon, R. (1999). *Agonie, clivage et symbolization*. Paris: PUF.

A experiência Balint-Paideia na rede de atenção oncológica. Entre a psicanálise e a medicina: da vivência privada à experiência compartilhada

Priscila Magalhães
Regina Neri

1 – Apresentação

O artigo propõe uma reflexão sobre o Projeto de Atenção ao Vínculo e Qualificação da Comunicação em Situações Difíceis do Tratamento na Atenção Oncológica com base na experiência de *Grupos Balint-Paideia* e uso do protocolo S.P.I.K.E.S, realizado entre abril e setembro de 2009 no Instituto Nacional de Câncer, reunindo profissionais dos hospitais federais e institutos de ensino e pesquisa do Rio de Janeiro.

O encontro com as questões e angústias dos profissionais da saúde nos momentos em que a tecnologia biomédica se depara com os limites do tratamento nos colocou o desafio de oferecer um espaço no qual essa experiência, vivida frequentemente de forma solitária e com sentimento de impotência e fracasso pessoal, pudesse ser elaborada e ressignificada coletivamente.

As situações que caracterizam a emergência de más notícias vão desde o diagnóstico inicial, quando este constata doença avançada, se estendendo à ocorrência de recidivas, aos efeitos colaterais da quimioterapia e da radioterapia, às cirurgias mutiladoras, chegando ao momento de maior tragicidade, em que se deve anunciar o esgotamento de recursos curativos e a passagem aos cuidados paliativos que garantam a melhor qualidade possível ao fim da vida.

Acolher, cuidar, dar suporte aos pacientes e suas famílias demanda uma disponibilidade, inclusive interna, que requer um preparo que, de modo geral, não é oferecido nos currículos tradicionais, voltados exclusivamente para os aspectos técnicos, nem encontra espaços institucionais de compartilhamento e elaboração.

Ainda são pobres as ofertas de métodos e instrumentos para valorizar a capacidade clínica dos profissionais de lidar com as singularidades, constatando-se a preponderância de respostas homogeneizantes de normas e protocolos (Cunha e Dantas, 2008).

No entanto, enfrentar situações limites presentes no quotidiano da assistência oncológica conduz a um sofrimento que pode tornar-se intolerável, gerando níveis crescentes de adoecimento dos profissionais.

Grande parte desses efeitos advém do isolamento dos profissionais em suas competências e responsabilidades individuais. Enquanto vigora o tratamento curativo, a consulta médica se restringe frequentemente às exigências dos protocolos prescritos para cada conduta e, de modo geral, fala-se muito pouco dos limites e falhas possíveis dos tratamentos propostos.

Por outro lado, a intervenção das demais categorias profissionais relativas ao direito a benefícios que acarretem melhoria das condições sociais, ao apoio do acompanhamento psicoterápico e da fisioterapia bem como aos cuidados e orientações da enfermagem ocorrem de maneira fragmentada e compartimentada, sem que haja uma decisão compartilhada entre esses profissionais e articulada com o médico responsável pelo tratamento.

Quando o avanço da doença se impõe e o profissional não encontra mais amparo nos recursos tecnológicos, a falta de preparo para a comunicação e o suporte emocional aos pacientes torna-se evidente, gerando silêncios, falsas promessas de cura ou comunicações abruptas de prognósticos adversos com sérios prejuízos à relação terapêutica.

Nos limites da medicina biotecnológica, especialmente nos momentos de esgotamento dos recursos de cura, é que se pode conceber uma verdadeira aproximação entre a experiência do profissional e a do paciente e seus familiares bem como a importância das relações de parceria e confiança.

2 – Breve histórico

Para que fosse possível abrir um espaço de legitimidade para o tratamento dessas questões, no espaço de trabalho e como parte da função profissional, foi importante partir da pesquisa na literatura médica.

Dentre a bibliografia pesquisada teve especial destaque um *protocolo*, elaborado por um renomado grupo de oncologistas americanos e canadenses ligados ao *MD Anderson Cancer Center*, da Universidade do Texas, USA, e ao *Sunnybrook Regional Cancer Center* de Toronto, CA (Baile *et al.*, 2000). A reconhecida credibilidade dos autores e de suas instituições, consideradas como centros de referência internacional na formação de oncologistas, reforçou entre os médicos do INCA o reconhecimento de uma demanda de capacitação já admitida na prática.

Com base nesse protocolo, foram organizadas em fins de 2005 as primeiras Oficinas de Trabalho sobre a Comunicação em Situações Difíceis do Tratamento no INCA que reuniram 90 médicos das diferentes especialidades oncológicas do Instituto. O protocolo S.P.I.K.E.S. foi usado basicamente como um roteiro para a discussão dos casos, apresentados como depoimentos, a partir dos quais foram construídas cenas dramatizadas da relação com os pacientes e familiares nas situações de comunicação de diagnósticos com prognóstico adverso, cirurgias mutiladoras e esgotamento de recursos de cura.

Após este primeiro evento, seguiram-se três oficinas interdisciplinares sobre esse tema e as avaliações foram unânimes em salientar a validade da iniciativa e seu enriquecimento pela participação da equipe multiprofissional, recomendando sua continuidade de forma mais abrangente e sistemática.

Em 2009, tornou-se possível, pela aprovação de um projeto apresentado pelo INCA ao Instituto Israelita de Responsabilidade Social Albert Einstein, mediado por um convênio assinado com o Ministério da Saúde, a obtenção de recursos para a realização do "Projeto de Atenção ao Vínculo e Qualificação da Comunicação de Notícias Difíceis no Tratamento Oncológico".

Nesse projeto, coordenado por uma equipe de psicanalistas com experiência de trabalho institucional, participaram 109 profissionais da saúde, dos quais 62 eram do INCA, 36 dos Serviços de Oncologia de Hospitais Federais do Rio de Janeiro e 11 de Hospitais Universitários e Institutos de Ensino também da Rede de Atenção Oncológica e de Cuidados Paliativos do Rio de Janeiro. Este total foi composto por 54 médicos, 21 enfermeiros, 15 psicólogos, 13 assistentes sociais, 4 fisioterapeutas e 2 nutricionistas.

3 – *Grupos Balint-Paideia*: da vivência privada à experiência compartilhada

O cerne da metodologia do projeto de "Atenção ao Vínculo e Qualificação da Comunicação em Situações Difíceis no Tratamento Oncológico" inspira-se na experiência dos *Grupos Balint* adaptada ao contexto hospitalar e focada na comunicação de más notícias.

A esta fonte inicial agregou-se a experiência dos *Grupos Balint-Paideia* (Cunha e Dantas, 2008; Cunha, 2009), realizada com equipes da atenção básica em Campinas – SP que articula o enfoque dos *Grupos Balint ao método Paideia* desenvolvido por Gastão Wagner de Sousa Campos para a cogestão de coletivos e a gestão compartilhada da clínica ampliada e seus dispositivos: equipes interprofissionais de referência, projeto terapêutico singular e apoio matricial (Campos, 2005, 2007).

No entanto, o foco colocado na transmissão de más notícias deu a essa experiência um caráter muito particular: a convicção de adentrarmos um território *tabu*, uma região de silêncio, plena de intensas vivências acumuladas na vida cotidiana do hospital na relação com os pacientes e seus familiares, mas das quais muito pouco se fala nos espaços de discussão e intercâmbio profissional instituídos. São vivências mantidas no âmbito privado que quiçá povoem os pesadelos ou as noites insones dos profissionais, mas que raramente são compartilhadas em espaços institucionais, restringindo-se, via de regra, a confidências com amigos mais próximos ou a alguns "desabafos no cafezinho".

Walter Benjamin demonstra o enfraquecimento da *Erfahrung* (experiência compartilhada) no mundo capitalista moderno em benefício de um outro conceito, a *Erlebnis*, experiência vivida, característica do indivíduo solitário; esboça, ao mesmo tempo, uma reflexão sobre a necessidade de sua reconstrução para garantir uma memória e uma palavra comuns, malgrado a desagregação e o esfacelamento do social (Gagnebin, 1987).

A esse respeito, levantamos possíveis aproximações entre essas vivências silenciadas e aquelas analisadas por Walter Benjamin em seu ensaio "Experiência e pobreza" (Benjamin, 1933/1987). Ao falar sobre a experiência traumática da guerra e seus processos massivos de destruição e morte, Benjamin assinala que os combatentes voltaram silenciosos dos campos de batalha na guerra de 1914, mais pobres de experiência comunicável. Essa pobreza, Benjamin a atribui em primeiro lugar à própria experiência social que considera radicalmente desmoralizada – pela guerra, pela inflação econômica, pela fome ou pela fraqueza moral dos governantes. Resta, então, face ao excesso de estímulos que atinge os indivíduos, a vivência privada (*Erlebnis*), que o autor vai aproximar da vivência traumática analisada por Freud em "Além do princípio do prazer" (Freud, 1920). Estas vivências permanecerão isoladas e não incorporadas à memória individual e coletiva, a menos que possam ser narradas e compartilhadas, desencadeando processos de elaboração e de integração a espaços sociais, onde poderão se abrir para novas possibilidades de sentido. A narração, que é uma das formas mais antigas de comunicação, diz Benjamin, "não tem a pretensão de transmitir um acontecimento, pura e simplesmente (como a informação o faz); integra-o à vida do narrador, para passá-lo aos ouvintes como experiência. Nela ficam impressas as marcas do narrador como os vestígios das mãos do oleiro no vaso de argila" (Benjamin, 1933/1987: 107).

As contribuições de Benjamin para a análise das mudanças provocadas na natureza da experiência humana remontam, por outro lado, ao surgimento do capitalismo industrial e seus processos de produção em massa e de domínio da tecnologia sobre a vida social. O caráter da experiência socialmente compartilhada e transmitida entre as gerações, característica das sociedades pré-capitalistas e principalmente artesanais, foi substituído pela "experiência inóspita, ofuscante da época da industrialização em grande escala" (Benjamin, 1989: 105).

A reconstrução possível da experiência (*Erfahrung*) em nossos tempos faz apelo, então, não à reconstituição nostálgica de antigas comunidades e sim à abertura de espaços e formas sociais de comunicação em que a *conversa* – falada ou escrita – possa narrar o que se passa em a cada um no encontro com as dores do mundo.

No campo da saúde, sabemos que a cultura científica renega a doença, o envelhecimento e a morte. As ideologias dominantes criam extensas zonas de silenciamento sobre os limites dos tratamentos, seus efeitos adversos, a fragilidade da vida e a vulnerabilidade dos profissionais. Desafiados em suas competências e isolados em suas responsabilidades individuais, estes vivem esses limites com conotações de fracasso e impotência pessoal, mantidas o mais das vezes no âmbito privado de cada um.

A interdição à comunicação social desses assuntos, que silenciosamente se instala, faz lembrar as ameaças contidas nas narrativas ancestrais dos reis ou generais que condenavam à morte os mensageiros que traziam dos campos de batalha as más notícias acerca de derrotas e morte dos guerreiros. A expressão "matar o mensageiro" ainda pode traduzir a primeira reação a uma notícia que causa sentimentos de impotência e desespero em quem a recebe.

Nas experiências vividas a partir dos depoimentos trazidos pelos participantes nos grupos, teve-se, por vezes, a sensação de estar abrindo uma *Caixa de Pandora*, deixando escapar todos os males, tudo o que devia ser mantido guardado, em segredo, revelando até mesmo o último dos males que, segundo diz uma das versões do mito, Pandora conseguiu manter guardado ao fechar novamente a caixa, assustada e arrependida de sua inconsequência: o conhecimento antecipado, pelos humanos, da data de sua própria morte.

Este, de certa forma, constitui também o desafio maior colocado pelas recomendações do *protocolo SPIKES*: "ser honesto sem destruir as esperanças dos pacientes". O que, no trabalho dos grupos, pode ser elaborado de diversas maneiras, colocando a esperança na qualidade de vida, na possibilidade de compartilhar os momentos mais difíceis, na coragem testemunhada pelos pacientes, no cuidado e na delicadeza exercida perante a dor do outro e à sua própria.

4 – *Grupos Balint*: entre a psicanálise e a medicina

A questão das relações entre a psicanálise e a medicina é objeto de debate na comunidade psicanalítica sem resultar em um consenso pelo conjunto de analistas. Há 30 anos, M. Balint iniciou seus primeiros trabalhos com grupo de médicos generalistas na Clínica Tavistock.

No livro *O médico, seu paciente e a doença*, o autor traz contribuições acerca das relações entre a medicina e a psicanálise. No que concerne à prática médica, M. Balint aponta para um aspecto essencial, até então ignorado ou rejeitado do trabalho do médico generalista: as reações pessoais do médico, consideradas parasitas e que cada um metaboliza como pode, são fatores essenciais da relação terapêutica. Sobre a especificidade da relação médico-paciente, destaca-se a formulação de Balint da "droga médico" e de sua "farmacologia", considerando que nas relações médico-paciente a substância mais frequentemente receitada é o próprio médico (Balint, 1988: 206).

Em relação à Psicanálise, as modificações trazidas pela proposta do *Grupo Balint* dizem respeito às condições de intervenção do analista numa situação sem divã, plural e não dual.

A proposta do *Grupo Balint* era a de oferecer aos médicos um espaço de sensibilização à dimensão subjetiva e afetiva da relação médico-paciente, buscando ampliar a capacidade de escuta para além dos sintomas físicos apresentados, incluindo os sentimentos e percepções que o paciente tivesse sobre eles, assim como seus próprios sentimentos e percepções, enquanto médicos, em relação a este paciente.

A inspiração dos *Grupos Balint* proporcionou ao nosso projeto um dos pilares mais seguros de sua metodologia: seu funcionamento como uma *equipe de pesquisa* sobre as relações profissional de saúde-paciente tendo como ponto de partida os relatos sobre as dificuldades enfrentadas pelos participantes em sua prática clínica atual. A partir desse relato que afeta todos os participantes, o grupo se corresponsabiliza por sua condução, analisando recursos alternativos, assinalando limites e impasses desta. Em seguida, o relato é restituído, enriquecido, ao profissional responsável, que volta a informar o grupo sobre os desdobramentos, de tal modo que o paciente passa a ser de todos.

O psicanalista se coloca nesse grupo como facilitador da equipe de pesquisa. Nas palavras de Missenard:

> Em vez de instituir de antemão um saber prévio sobre a psicologia e sobre as relações, que responderia às interrogações e ao não-saber dos participantes, M. Balint institui o não-saber e o questionamento como base comum de funcionamento para o grupo. Ele próprio rejeita a posição de mestre. Psicanalistas e médicos podem se encontrar em condições novas. Têm um projeto de trabalho, a respeito de um objeto investido por todos – o caso clínico relatado – e, na atividade comum, é reconhecida a especificidade de cada um (Missenard, 1994: 4).

Essa independência da equipe de pesquisa é ressaltada pelo próprio M. Balint, ao afirmar que:

> No contexto de nossos seminários de discussão, estamos particularmente atentos em preservar a dignidade, a independência e a responsabilidade adulta dos médicos que deles participam, sem o que não poderiam funcionar como membros autossuficientes de uma equipe de pesquisa (Balint, 1976 [1967]: 19-20).

Por essa razão, Balint estabelece uma diferença entre "transferência privada" e "transferência pública", afirmando que "as interpretações quase nunca dizem respeito às motivações latentes do comportamento terapêutico do médico. O que interessa é o aspecto de seu trabalho profissional que, através do relato do caso e de sua participação na discussão, torna-se pouco a pouco conhecido por todos os membros do seminário. E, mesmo no que diz respeito a este ponto, o objetivo é, antes de mais nada, torná-lo capaz de fazer, ele próprio, suas descobertas" (Balint, 1976 [1967]: 20).

Balint considera que os melhores momentos para fazer descobertas independentes são quando a maior parte dos membros do seminário está manifestamente tocada por um relato, momentos que proporcionam boas ocasiões a vários membros de se tornarem conscientes de suas formas individuais de comprometimento. "A diversidade das respostas evidencia, por contraste, a resposta individual de cada médico" (Balint, 1976 [1967]: 20).

5 – Renúncia da função apostólica

Um dos eixos da pesquisa de M. Balint teve como foco o estudo do que denominou a "função apostólica" do médico. Esta significa, em primeiro lugar, que todo médico tem uma vaga, mas quase inabalável, ideia sobre o modo como deve se comportar o paciente quando está doente. Como consequência, o paciente se vê obrigado a aceitar "a fé e os mandamentos" do seu médico e a converter-se, pelo menos superficialmente, a ele ou a rejeitá-lo para resignar-se a suportar uma situação de regatear crônico ou, como último recurso, ir a outro médico, cujas "fé e mandamentos" sejam mais exequíveis (Balint, 1988: 203). Por outro lado, afirma que "todo médico cria, consciente ou inconscientemente, uma atmosfera particular devido à sua forma individual de 'praticar' a medicina e logo trata de converter os seus pacientes para que a aceitem". A existência dessa atmosfera particular característica de cada médico é considerada "o fenômeno mais importante da função apostólica" (Balint, 1988: 186-187).

Com o avanço de suas pesquisas e experimentação, M. Balint chega à conclusão de que a transmissão de técnicas tradicionais das psicoterapias ou baseadas na entrevista psiquiátrica tinha dado origem a uma nova "função apostólica" na relação com os pacientes, a qual tinha ainda, como agravante, o fato de permanecer como um *corpo estranho* na prática médica. Em consequência, decide organizar, juntamente com sua esposa, Enid Balint, uma equipe de pesquisa para buscar novas técnicas que talvez permitissem ao médico oferecer ajuda psicológica aos seus pacientes sem perturbar a rotina normal de sua prática e excluindo dessa investigação "qualquer forma de método não específico, e portanto questionável, tal como o apoio geral, tranquilização maciça, conselho simpático e qualquer forma de psicanálise em gotas" (Balint, 1976 [1967]: 5).

Comentando o processo dessa pesquisa, relata que, "de início, foi pedido aos médicos que relatassem qualquer entrevista durante a qual julgassem ter mantido um contato importante com o paciente e, desse modo, logrado alguma coisa aceitável, desde que a entrevista não tivesse durado mais do que dez a quinze minutos" (Balint, 1976 [1967]: 6).

Essa pesquisa não se deu sem dificuldades e crises importantes. Em artigo escrito pouco antes de sua morte,

Balint considera que a principal dificuldade foi causada pela compreensão de que seus velhos métodos bem comprovados deviam ser abandonados ou pelo menos bastante modificados devido às novas condições. Para visualizar esse importante rompimento, caracterizou o velho método como sendo o do "grande detetive" e o novo como o da "sintonia" ou do experimento do "flash".

Ressalta que

> o papel do "grande detetive" está muito perto do papel do médico tradicional na medicina centrada sobre a doença. [...] Tais funções tradicionais dão ao médico um sentimento seguro de superioridade: é ele quem sabe mais, a quem o paciente procura com esperança e confiança e que pode provar pelo êxito de suas habilidades diagnósticas que a confiança em seu conhecimento e habilidade superiores era justificada. [...] Na nova técnica, o papel do (médico) terapeuta é "sintonizar" com o paciente, segui-lo, permitir-lhe que use o terapeuta (Balint, 1976 [1967]: 6-8).

Essa é, de fato, uma nova posição, em que os médicos – e os demais profissionais de saúde – abrem mão de sua "função apostólica", ou seja, renunciam às suas convicções de "como deve se comportar um paciente quando está doente" (assim como seus familiares) e se dispõem a acompanhar e "entrar em sintonia" com a experiência singular de cada um face ao adoecimento e ao tratamento.

Essa posição vem ao encontro das diretrizes que o Projeto buscou incorporar e que também norteiam a experiência dos *Grupos Balint-Paideia* desenvolvida por Cunha e Dantas (2008) e Cunha (2009) junto a profissionais de saúde da atenção básica que enfatizam o protagonismo e a corresponsabilização dos usuários e profissionais através de *projetos terapêuticos singulares.*

Com base na contribuição de Balint, esses autores buscam

> construir uma versão atualizada do seu método grupal, levando em consideração o contexto dos desafios gerenciais do SUS. Nessa perspectiva, o "Grupo Balint-Paideia" é ao mesmo tempo um instrumento de trabalho gerencial e uma oferta clínica / teórica aos trabalhadores que lidam com situações de trabalho complexas que envolvem uma rede de saberes, poderes e afetos (Cunha e Dantas, 2008: 35).

Tendo como ponto de partida a insuficiência dos métodos de formação profissional com abordagem estritamente cognitiva sobre a relação médico-paciente, destacada por M. Balint, afirmam:

> Não se tratava apenas de reconhecer intelectualmente a dimensão subjetiva das relações clínicas, mas, antes, de aprender a lidar com o fluxo de afetos inerentes a essas relações. Necessitava-se da criação de um espaço e um método que dessem suporte aos profissionais para que pudessem exercitar, a partir dos seus "casos" vividos, uma elaboração sobre os afetos presentes nas relações clínicas (Cunha e Dantas, 2008: 34).

A proposta – incorporada e praticada nos espaços de intervenção desse projeto – é que, durante esses encontros, profissionais de diversas áreas da assistência (gestores, médicos, enfermeiros, assistentes sociais, psicólogos, fisioterapeutas, etc.), mediados por um apoiador/coordenador, possam apresentar e discutir casos clínicos, colocar em análise as ações e afetos envolvidos, dividir/trocar dificuldades e soluções que favoreçam o aumento da capacidade de análise e intervenção, possibilitando em alguns momentos compartilhar a angústia inevitável sem cair nas precipitações "solucionáticas" (Cunha e Dantas, 2008: 35).

A aposta do *Grupo Balint-Paideia*, através da criação de um espaço coletivo mais protegido das urgências do quotidiano dos serviços de saúde – um espaço nas bordas, no "entre o privado e o público" –, foi justamente a de constituir um território de compartilhamento, entre os profissionais da saúde, das situações-limite que fazem parte do quotidiano da assistência oncológica, fomentando a abertura de novas possibilidades de "fazer". Em um dos grupos, uma médica fala sobre a formação dos profissionais treinados para sempre intervir, tratar, curar. Mas, como comenta uma enfermeira, muitas vezes o fazer pode ser simplesmente ouvir, cuidar.

Os *diários de bordo* sobre os grupos destacam a importância da ambiência afetiva, da troca interdisciplinar em torno da discussão de casos clínicos e da construção de uma grupalidade solidária. As avaliações iniciais do Projeto indicam que a elaboração e o compartilhamento de situações limites, vividas de forma solitária e em termos de impotência e fracasso pessoal, abrem a possibilidade de ressignificar a fragilidade como momento fecundo de abertura para o outro: seja o outro paciente, o outro familiar, o outro profissional de saúde.

A experiência dos *Grupos Balint-Paideia* favorece, desse modo, o acolhimento dialogado baseado no reconhecimento do outro como legítimo outro e de cada um como insuficiente e comprova que o sentido de uma situação é produzido por todos os protagonistas presentes nas redes do trabalho em saúde – a equipe de profissionais, os pacientes, seus familiares, a rede social – na busca de caminhos singulares para lidar com o delicado e complexo processo de vida/morte.

Referências bibliográficas

Baile, W. F. *et al.* (2000). SPIKES – A six-step protocol for delivering bad news: application to the patient with cancer. *The Oncologist*, 5, 302-311. Disponível em <www.theoncologist.com>.

Balint, M. (1976 [1967]). Psicanálise e prática médica. In: Missenard, A. (org.). *A experiência Balint – história e atualidade.* São Paulo: Casa do Psicólogo, 1994.

Balint, M. (1970). Pesquisa em psicoterapia. In: Balint, E. e Norell, J. S. *Seis minutos para o paciente.* São Paulo: Ed. Manole, 1976.

Balint, M. (1988). *O médico, seu paciente e a doença.* Rio de Janeiro. São Paulo: Livraria Atheneu.

Benjamin, W. (1933). Experiência e pobreza. In: *Obras escolhidas*, v. I. São Paulo: Brasiliense, 1987.

Benjamin, W. (1989). Sobre alguns temas em Baudelaire. In: *Obras escolhidas*, v. III. São Paulo: Brasiliense.

Campos, G. W. S. (2005). *Um método para análise e co-gestão de coletivos – a constituição do sujeito, a produção de valor de uso e a democracia nas instituições: o método da roda.* São Paulo: Hucitec, 2ª edição.

Campos, G. W. S. (2007). *Saúde Paideia.* São Paulo: Hucitec, 3ª edição.

Cunha, G. T. (2009). *Grupos Balint Paideia: uma contribuição para a co-gestão e a clínica ampliada na Atenção Básica*, tese de doutoramento na pós-graduação em Saúde Coletiva do Departamento de Medicina Preventiva e Social da Universidade Estadual de Campinas, SP, UNICAMP.

Cunha, G. T. e Dantas, D. V. (2008). Uma contribuição para a co-gestão da clínica: grupos Balint Paideia. In: Campos, G. W. S. e Guerrero, A. V. P. (orgs.) *Manual de práticas de Atenção Básica – saúde ampliada e compartilhada.* São Paulo: Hucitec.

Freud, S. (1920). Más allá del principio del placer. *Obras completas*, v. XVIII. Buenos Aires: Amorrortu, 2006.

Gagnebin, J. M. (1987). Walter Benjamin ou a história aberta. Prefácio às *Obras escolhidas de Walter Benjamin,* v. 1. São Paulo: Ed. Brasiliense.

Missenard, A. (1994). Entre psicanálise e medicina: Michaël Balint. In: Missenard, A. (org.). *A experiência Balint – história e atualidade.* São Paulo: Casa do Psicólogo.

Teixeira, R. (s/d). As redes de trabalho afetivo e a contribuição da saúde para a emergência de uma outra concepção de público. Acessível em <http://www.corposemorg/rizoma/redeafetiva.htm>.

Os psicanalistas podem desprezar inteiramente as categorias diagnósticas da psiquiatria?

Julio Verztman
Regina Herzog
Teresa Pinheiro

As distinções entre as ferramentas diagnósticas utilizadas pela clínica psiquiátrica e pela clínica psicanalítica já foram tema de intenso debate no seio da comunidade psicanalítica. Não vamos retomar este debate, já que as demarcações fundamentais do mesmo já foram realizadas: o diagnóstico psiquiátrico (sobretudo com o declínio da psicopatologia a partir dos anos 1980) utiliza elementos descritivos e observacionais para formar sua grade nosológica. Para isto a dimensão da subjetividade torna-se um inimigo a ser combatido rumo a uma objetividade na relação entre o indivíduo humano e suas formas de adoecer. O diagnóstico psicanalítico, ao contrário, se assenta na experiência singular do sofrimento e tenta articular vários aspectos da vivência subjetiva, tais como características do discurso, expressões afetivas, responsabilidade ética por intenções e posições diante do desejo, entre outros, todos estes elementos organizados em torno de um conceito que distingue a psicanálise:

a transferência. Dizer que o diagnóstico psicanalítico, ao contrário do diagnóstico psiquiátrico, é um diagnóstico sob transferência tornou-se uma vulgata que nos possibilitará um atalho para a discussão a seguir.

Esta breve introdução serve apenas para mostrar que não pretendemos diminuir o fosso que separa clínicas tão heterogêneas, com tradições divergentes em nossa história recente. A avaliação diagnóstica é apenas um dos pontos – ponto nevrálgico sem dúvida, mas há muitos outros – de cisma entre a psiquiatria e a psicanálise. Ainda assim perguntamos: a psicanálise pode se manter surda às questões trazidas pelas novas categorias psiquiátricas? Devemos simplesmente denunciá-las como novas roupagens para categorias antigas, num deslocamento que visaria apenas fomentar o consumo de medicamentos? Podemos desconsiderar as facetas mais exteriores e superficiais de um sintoma que a psiquiatria descreve? Será que a clínica psiquiátrica consegue se manter completamente incólume ao apelo subjetivo de seus usuários e impõe a estes formas de sofrimento que não lhes dizem respeito, com o intuito de reafirmar seus compromissos indissolúveis com a indústria farmacêutica?

Buscando responder a algumas destas questões, começaremos por examinar certos aspectos do processo de atribuição diagnóstica na psiquiatria. Como já é sobejamente conhecido (Bercherie, 1985; Berrios, 1996), as relações entre a psiquiatria e a medicina apresentaram uma tensão desde o nascimento da primeira como uma *medicina especial*. A expressão *primeira especialidade médica* que a caracterizou significou mais o surgimento de uma prática médica especial e diferenciada do que de um subtipo da medicina. A dupla determinação, física e moral, proposta por Pinel e Esquirol para a etiologia das alienações mentais confirmava o limite que separava a psiquiatria da medicina. O século XIX presenciou um primeiro esforço no sentido de diminuir a distância entre estas com as proposições biologizantes acerca da doença mental na Alemanha e na França (Bercherie, 1995: caps. 4, 6, 7 e 8) e a incorporação de uma série de elementos do diagnóstico médico pela psiquiatria em desenvolvimento. Com os repetidos insucessos na demonstração de causas lesionais macroscópicas para as diversas formas de loucura – excetuando-se, já na década de 50 do século XIX, a popularização do diagnóstico de paralisia geral progressiva (descrito por Bayle 30 anos antes) –, outros aspectos foram se somando para tentar construir uma espécie de *história natural da doença mental.* Além da clínica, trazida ao campo das alienações mentais por Pinel 100 anos antes, no final do século XIX já serviam para a proposição de novas grades nosológicas aspectos como hereditariedade, evolução, terminação final dos quadros mórbidos, entre outros.

Apesar de intensamente combatido, principalmente na França e na Suíça, *O tratado* de Kraepelin, em suas oito edições, é a principal testemunha deste esforço e não é à-toa que ele (e não Pinel) seja considerado pelos atuais psiquiatras como o pai desta especialidade.

A aceitação mundial da obra de Kraepelin não resolveu, entretanto, os principais problemas do diagnóstico psiquiátrico. Em primeiro lugar, a classificação das doenças dependia enormemente de aspectos regionais e de pontos de vista teóricos dos chamados *chefes de escola.* Assim, o que Kraepelin denominava de *dementia praecox* podia ser conceituado de outro modo não só por Bleuler, que cunhou o termo *esquizofrenia,* mas também por autores franceses, como

Séglas, que possuíam uma visão da doença bastante distinta (ver Bercherie, 1985: caps. 12, 13, 14 e 15).

O fracasso terapêutico da psiquiatria, o declínio da primeira onda de organicismo, a crítica à instituição asilar, o surgimento da psicanálise e da psicopatologia calcada na fenomenologia contribuíram para uma outra crise no diagnóstico psiquiátrico. O afastamento entre diagnóstico psiquiátrico e diagnóstico médico novamente se aprofundou e a especialidade aproximou-se cada vez mais de outros saberes, como a psicanálise (em sua versão americana) e a fenomenologia. Surgiram inúmeras tentativas de unificar a classificação das doenças mentais, sendo os principais exemplos o Código Internacional de Doenças (CID em suas várias versões) e o Manual Diagnóstico e Estatístico da Associação Psiquiátrica América (DSM em suas várias versões). É significativo que o DSM I (1952) tenha sido um manual classificatório muito influenciado pela visão psicanalítica de Adolf Meyer (ver Zimmerman & Spitzer, 2005). O termo *neurose*, por exemplo – que, embora não tivesse sua origem na psicanálise, encontrou nela o seu sentido atual –, era muito pregnante na classificação e se dirigiu a categorias não utilizadas do mesmo modo pela psicanálise, tais como a *depressão neurótica*. Havia uma suposição implícita de que as doenças mentais, sobretudo as *funcionais*, tinham um mecanismo de produção que se correlacionava com formas distintas de funcionamento subjetivo. A subjetividade, assim, era um terreno a ser explorado, e não combatido, para a realização do diagnóstico.

Esta presença indesejável de elementos subjetivos na construção de um sistema classificatório tornou-se um obstáculo a ser superado por uma psiquiatria que continuava a almejar seu reconhecimento como especialidade médica.

Os aspectos subjetivos, que perpassavam desde o exame do paciente até proposições diagnósticas, teorias sobre o adoecimento e indicações de tratamento, traziam dois entraves principais, segundo os defensores de uma psiquiatria empiricamente orientada:

1. Devido a aspectos subjetivos do examinador participarem da avaliação diagnóstica, um mesmo paciente poderia receber diferentes diagnósticos caso fosse avaliado por examinadores distintos no mesmo momento ou pelo mesmo examinador em diversos momentos. Isto poderia apontar apenas para distinções subjetivas ou teóricas dos diferentes examinadores ou do mesmo examinador em diferentes momentos, tendo pouca relação com as características do paciente;

2. Uma determinada categoria nosológica pode não expressar um acontecimento regular, que faz supor a sua presença na realidade. Ao invés disso, ela pode expressar uma relação de dependência do avaliador com uma grade teórica em particular, o que tornaria uma dada categoria mera ficção criada para sustentar posições teóricas ou mesmo ideológicas.

Para ultrapassar estes dois entraves – o problema da *concordância na avaliação* e o problema *da relação entre o diagnóstico e a realidade* – e colocar a psiquiatria de volta em antigos rumos, ou seja, no caminho de se reconciliar com o campo da objetividade médica, o diagnóstico psiquiátrico passou a ser subordinado a dois conceitos: a *confiabilidade* e a *validade*.

A confiabilidade (fidedignidade) "se refere à qualidade de um instrumento em proporcionar resultados consistentes ou similares em várias circunstâncias distintas, tais como em diferentes pontos do tempo (confiabilidade teste-reteste) ou entre diferentes interlocutores (confiabilidade interavaliadores)" (Mezzich & Üstün, 2005: 662). Para atingir a confiabilidade é necessário que uma categoria seja suficientemente objetiva e operacional a fim de proporcionar aos avaliadores instrumentos para indicarem-na sempre que a realidade clínica solicitar. Uma classificação ou categoria diagnóstica alcança alto índice de confiabilidade quando é capaz de se manter estável em diferentes contextos. Todos aqueles que atribuem um diagnóstico de esquizofrenia a alguém devem seguir os mesmos passos e se referenciar nos mesmos critérios. Tais critérios devem ser hierarquicamente selecionados, com pesos bem dimensionados para cada item com o intuito de formar uma unidade categorial que seja universalmente reconhecida. Este resultado é mais facilmente adquirido quando a atenção é dirigida para tudo o que pode ser objetivamente observado sem depender de aspectos subjetivos que possam variar de um observador para outro. Deste modo, por exemplo, a confiabilidade interavaliadores de um sintoma como a *alucinação auditivo-verbal* ou a *publicação do pensamento* costuma ser mais elevada que a relacionada ao *esmaecimento afetivo*, todos eles sintomas que podem estar presentes na esquizofrenia. O reconhecimento do esmaecimento afetivo depende em maior grau da relação estabelecida entre o examinador e o examinado e, portanto, de habilidades específicas que transcendem a capacidade de analisar exteriormente um dado fenômeno a ser descrito na linguagem da terceira pessoa.

A validade "se refere à qualidade ou poder de um instrumento em medir a variável ou construto que ela é feita para medir. Em consonância com isto, a validade é concebida para avaliar se um instrumento é convincente, se é relevante e útil com vistas a refletir uma realidade de interesse. Consequentemente a validade é considerada a qualidade mais fundamental de um instrumento" (Mezzich e Üstün, 2005: 662). Há tipos diferentes de validade, posto ser muito difícil avaliá-la diretamente. A questão que o problema da validade coloca é: de nada adianta um instrumento produzir concordância entre aqueles que o utilizam se as categorias com as quais ele trabalha têm pouco impacto sobre a realidade. Mesmo que se encontrem critérios operacionais claros para o diagnóstico de *transtorno de personalidade dependente*, o valor deste fato se esmaece se há pouca clareza quanto à existência deste transtorno na realidade. Os critérios para determinar a validade de um instrumento são complexos e dependem de inúmeros aspectos mensuráveis, mas, sobretudo quando dizem respeito a categorias nosológicas e não a escalas ou entrevistas padronizadas, estão bem menos assentados na psiquiatria que os critérios de confiabilidade. Assim, é opinião corrente quando se discute o tema da classificação psiquiátrica (ver Rodrigues & Banzato, 2009) que esta apresenta problemas importantes no tocante à validade e, podemos acrescentar, é mais confiável do que válida.

Nosso intuito ao discutir os problemas do diagnóstico psiquiátrico não é nem desqualificá-lo nem assumi-lo fora de sua grade conceitual. O problema da validade nos informa que a psiquiatria está longe de demonstrar a existência das categorias que propõe, embora tenha suficiente confiança que seu método possa cumprir a promessa de produzir categorias válidas (confiança que não precisamos sustentar). A clínica psicanalítica na contemporaneidade também vem se deparando com problemas em sua nosologia. O intenso debate sobre as vicissitudes de nossos novos pacientes, distantes em muitos aspectos dos sujeitos neuróticos mesmo que isto não implique em um diagnóstico de psicose, expressa uma crise de referências para o nosso trabalho. A discussão sobre a continuidade ou descontinuidade do sujeito contemporâneo em comparação com o sujeito da modernidade em torno do qual a psicanálise forjou suas principais teorias está cada vez mais presente na literatura psicanalítica. Será que conhecer algumas das categorias diagnósticas da psiquiatria pode contribuir para uma compreensão mais ampla sobre nossos novos desafios? Pretendemos responder a esta pergunta, de maneira modesta, através do exemplo de uma categoria diagnóstica que surgiu com o processo de remedicalização da psiquiatria nos anos 1980, *a fobia social*.

A fobia social, ou sua denominação atual mais comum "ansiedade social", surgiu na psiquiatria como um novo elemento nosológico do instrumento que marcaria a virada médica desta disciplina em 1980, o DSM III (ver APA, 2002). No novo manual classificatório da Associação Psiquiátrica Americana (APA), o campo das, anteriormente, denominadas neuroses fóbicas foi subdividido de modo a evitar, por um lado, a dispersão das classificações que levavam em conta os diversos tipos de objetos fóbicos e, por outro, a pregnância da teoria psicanalítica nas classificações psiquiátricas. Na fobia social, o sujeito experimenta ansiedade nos mais variados tipos de situação social, bastando que se sinta exposto ao olhar desfavorável de um outro anônimo. Ela surgiu como grande novidade da classificação e foi inicialmente encarada com muito ceticismo pelos praticantes da disciplina. Um dado confirmatório da pouca confiança que a nova categoria despertava foi o artigo, escrito cinco anos depois pelas maiores autoridades no assunto (Liebowitz, Gorman, Fyer & Klein, 1985), intitulado "Social phobia: review of a neglected anxiety disorder". Há muito poucos artigos sobre a história mais remota deste transtorno (Pelissolo & Légeron, 1995; Fairbrother, 2002), mas encontramos referências a ele em uma categoria que se popularizou durante cerca de 10 anos na virada entre os séculos XIX e XX: a eritrofobia, ou fobia de enrubescer em público. Não vamos nos alongar sobre os aspectos psiquiátricos desta condição, já que nosso foco será outro, entretanto deixamos registrado que, a partir dos anos 1990, a importância epidemiológica da fobia social cresceu a cifras astronômicas. Nos EUA, por exemplo, alguns estudos (Kessler *et al.*, 1994) propõem que ela pode atingir até 13% da população segundo alguns critérios epidemiológicos, o que a tornaria um dos transtornos psiquiátricos mais comuns. É evidente que este aumento das taxas epidemiológicas ocorreu em paralelo com a proposição de tratamento farmacológico e de psicoterapia cognitivo-comportamental para o transtorno. Temos, então, todos os elementos para torná-la uma categoria suspeita: patologização da timidez, psiquiatrização da vida ordinária, interesse da indústria farmacêutica, tentativa de normalização do sujeito através de técnicas para superar o que seria sua posição subjetiva, entre outros. Todos estes elementos nos parecem dignos de consideração. Cottle (1999), por exemplo, num artigo de título tão sugestivo como "Selling shyness", nos mostra que pequenas mudanças no enunciado dos critérios classificatórios do DSM IV em comparação com os enunciados do DSM III já foram suficientes para aumentar assustadoramente os índices de fobia social nos EUA. As questões que, ainda assim, permanecem são: por que cada vez mais pessoas se identificam com a descrição de fobia social? Por que a timidez (antes considerada uma variação do existir humano) é cada vez mais fonte de mal-estar? Por que imaginar ser alvo do olhar alheio produz cada vez mais recolhimento e se torna fonte de medidas protetoras?

Imaginar que a psiquiatria cria suas doenças para se oferecer como remédio é dotar a psiquiatria de um poder que ela não possui. A psiquiatria apenas reconhece um apelo e dá um destino a ele, destino que tem rumado na direção da dessubjetivação. Esta resposta que a psiquiatria oferece vem se tornando cada vez mais popular em função de inúmeros fatores, mas não podemos deixar de considerar o fato de que, em alguns casos, ela confere um sentido a este apelo que não é escutado por outras disciplinas, incluindo a psicanálise. Será que a timidez traz novas questões para o exercício da psicanálise? Embora o tema da vergonha venha recebendo cada vez mais atenção da literatura psicanalítica (p. ex. Tisseron, 1992; Zygouris 1995; Green, 2003; Miller, 2003), este é um assunto ainda pouco explorado do ponto de vista teórico-clínico. A comparação entre a culpa e a vergonha (ver Verztman, 2005 e Pinheiro, Verztman, Barbosa & Venturini, 2006) nos mostra que esta é uma emoção eminentemente narcísica em comparação com aquela e é desencadeada sempre que projetamos no olhar do outro um aspecto de nossa imagem que deveria permanecer escondido. Alguns autores (Tisseron, 1992; Zygouris, 1995) demonstram que a vergonha pode ser o único refúgio de uma subjetividade que corre o risco de se apagar. A vergonha, assim, se transforma num selo de identidade, num processo que Zygouris (1995) denomina de *vergonha de si*. Neste caso a vergonha não atinge aspectos marginais ou secundários da experiência de si, mas se cola aos pontos que permitem o reconhecimento de existência.

Este é o caso quando a vergonha de si passa a ser o resultado de determinadas experiências traumáticas que ameaçam o elo que liga o sujeito a seu universo de relações mais íntimo.

Não estamos em condições de afirmar que a vergonha de si, no modo como foi caracterizada, esteja correlacionada à "timidez patológica" que define a fobia social. O Núcleo de Estudos em Psicanálise e Clínica da Contemporaneidade (NEPECC-UFRJ), coordenado por Verztman, Pinheiro e Herzog (www.psicologia.ufrj.br/nepecc), está atualmente realizando uma pesquisa clínica cujos dados são retirados do atendimento psicanalítico a sujeitos encaminhados com diagnóstico de fobia social, dado por seus psiquiatras. Embora esta investigação esteja longe de ser concluída, já percebemos que há uma grande variedade de organizações subjetivas entre os sujeitos já recebidos para tratamento. Mesmo assim, esta variedade gravita em torno de problemas referidos ao campo do narcisismo. Não temos qualquer pretensão de transformar a fobia social numa categoria que faça sentido na psicanálise. Isto seria um despropósito, pois os conceitos que a produziram estão longe de apresentar algum ponto de contato com nossa disciplina. Por outro lado, não podemos afirmar que o tipo de sintoma que ela expressa seja por nós já conhecido e que ele esteja inteiramente recoberto por categorias de nossa nosologia. Utilizamos o diagnóstico de fobia social meramente como um filtro para nos permitir travar contato com determinadas situações clínicas, as quais dizem respeito ao sujeito contemporâneo. Apostamos que escutar o apelo destes pacientes de um lugar diferente do que faz um psiquiatra pode nos capacitar a exercer uma posição crítica acerca deste tipo de sofrimento, produzindo um saber que não nega sua especificidade. Podemos, inclusive, criticar o próprio conceito de fobia social sem com isto deixar de considerar as vicissitudes da organização psíquica de um tímido. É o que faz Patrick Avrane, cujo trabalho comentaremos a seguir.

Em seu livro recente *Les timides* (Avrane, 2007), Avrane se propõe a estudar uma forma de sofrimento que não foi ainda tematizada pela psicanálise[1]. Não encontramos a palavra *tímido* ou *timidez* no índice onomástico das traduções inglesa e francesa das obras de Freud (ibid.: 11). Mesmo em autores pós-freudianos, o tema é marginalmente trabalhado por analistas que trataram de crianças, sobretudo Klein e Winnicott. Para Avrane, a timidez não é uma entidade clínica em si, não está no mesmo plano nosológico da histeria, da neurose obsessiva ou da paranoia. Mesmo assim, pode revelar uma sintomatologia grave, denotando uma forma de angústia que diz respeito ao laço social.

Avrane (2007) nos traz em seu livro inúmeros exemplos clínicos extraídos da análise de sujeitos tímidos e ilustrações da literatura e do cinema sobre personagens reais (como Rousseau) ou de ficção que dividiriam com seus pacientes estas mesmas características. Um dos aspectos ressaltados é por ele denominado de *transparência tímida* (Avrane, 2007: 92). Tais sujeitos experimentam uma tal inconsistência do seu sentimento de interioridade que supõem que um observador atento seria capaz de desvendar seus mais íntimos segredos ou desejos. Esta sensação de estar constantemente em vias de ser descoberto revela uma espécie de culpabilidade por um tipo

1 Agradecemos aqui os comentários de Selena Caravelli, que apresentou uma resenha sobre este livro em um encontro de nosso grupo de pesquisa com interlocutores externos em 2009.

de desejo de características fundamentalmente narcísicas: o desejo de ser visto. O cunho muitas vezes exibicionista ou voyeurista de um tímido testemunha a hipertrofia que o olhar adquire em sua subjetividade e, principalmente, a vacilação de sua postulação a ser visto.

De modo diverso do que ocorre com o sujeito não-tímido envergonhado, o que caracteriza um tímido é uma angústia antecipatória e não necessariamente uma vergonha consumada. Comparemos estas duas emoções, ansiedade antecipatória e vergonha. Para Tisseron (1992) a vergonha é uma emoção social de cunho negativo, trazendo em seu bojo o risco de perda das relações com a comunidade. O paradoxo de uma experiência grave de vergonha é que esta emoção refunda o laço social, mas à custa de uma ferida narcísica que cola qualquer elemento subjetivo à insígnia do vergonhoso. É a própria legitimidade do desejo que se encontra em vias de desmoronar. Vejamos como Tisseron aborda esta questão:

> Assim uma criança que estragou um bolo e que por isto foi punida pode se sentir culpada, mas o desejo de comer coisas gostosas continua sendo reconhecido; isto é um dos pilares do poder materno sobre a família. Ao contrário, a criança que defeca nas calças deve se sentir envergonhada, porque o prazer retirado do contato com os excrementos não tem lugar no funcionamento social. Ele deve ser substituído pelo nojo. A criança deverá fazer a distinção entre um interdito incidindo sobre um objeto ilícito do desejo (por exemplo, comer o que é proibido) e um interdito incidindo sobre o próprio desejo (por exemplo, defecar nas calças). O segundo a faz correr o risco de ser rejeitada para fora da comunidade.

> E, sobre este modelo, a vergonha é vivida como portadora desta ameaça (Tisseron, 1992: 37).

Uma vergonha intensa vivida como atual e não como potencial refaz uma identidade que acabara de desmoronar. "Eu tenho vergonha porque sou vergonhoso e porque o outro sabe disto". É evidente que este outro da frase acima é uma mera projeção de meu olhar sobre mim mesmo, mas a certeza quanto aos motivos da vergonha redescreve a relação entre sujeito e desejo. Um sujeito que deseja de forma ilegítima, que não pertence mais à comunidade daqueles que mesmo desejando objetos interditados continuam desejando objetos – este é o resultado mais amplo da vergonha. Apesar disto, um envergonhado não-tímido é capaz de evitar o olhar do outro e refazer sua sensação de opacidade, o que é um processo doloroso e na maior parte das vezes inacabado. A dor do não-reconhecimento de si, decorrente da descontinuidade subjetiva produzida pela vergonha, assola moralmente o envergonhado e produz retração na relação com o outro.

Um sujeito tímido, ao contrário, não encontra nenhuma estabilidade na avaliação negativa que reconhece no outro. Ele é um sujeito que deseja, mas há neste processo uma desmesura incontornável. O desejo de ser visto, de ser percebido encontra apenas uma forma narcísica de expressão e ele se vê presa definitiva da única satisfação que supôs viver: ser permanentemente visto pelo outro através de sua transparência. O outro relevante do sujeito tímido é um olhar que pode conhecê-lo na sua exuberância exibicionista interditada, se este pousar seus olhos por tempo suficiente sobre aquele ser que não tem qualquer película protetora diante de seu espectro. O mundo do tímido passa a girar em torno do outro e qualquer detalhe nas trocas com este pode se tornar motivo para recriminações. Observar detalhadamente os mínimos movimentos do outro (posição voyeurista) traz uma promessa de se antecipar aos seus lances perigosos, mas quanto mais se observa o outro, mais se é siderado pelo seu olhar. O desejo exibicionista (Avrane, 2007: 143) do tímido (vide a grande percentagem de atores tímidos, a participação exibicionista de tímidos na realidade virtual através de *blogs* e *chats*, entre outras formas) não dá descanso ao sujeito, levando ao desafio permanente que ele lança ao olhar do outro anônimo. Qualquer pequeno gesto seu ou do outro vira fonte de inesgotáveis interpretações intencionais. Como nos diz Avrane (ibid.: 92), um eterno e cansativo jogo de adivinhação passa a dar sentido à sua vida. "Será que agora eu serei descoberto?" é a pergunta evocada quando o tímido pede uma informação, quando está parado observando o mar, quando adentra ambientes que não conhece, quando cumprimenta um conhecido; enfim, ele só encontra algum descanso quando está só. Solidão e timidez são companheiras inseparáveis. Como a vida, todavia, mesmo a de um tímido, exige contato social...

Avrane (2007) fornece algumas hipóteses para a gênese desta configuração subjetiva sobre as quais não poderemos tecer considerações em função do nosso propósito, qual seja, o de demonstrar que alguns referentes clínicos que dão suporte a certas categorias psiquiátricas podem trazer contribuições para a clínica psicanalítica. Basta dizer, por exemplo, que o autor dá uma descrição de como é construído um tipo particular de *espaço potencial* pelo sujeito tímido que o diferencia de outros sujeitos com problemas no *campo transicional* descritos por Winnicott como aqueles organizados em torno do *falso self*, deprimidos graves ou psicóticos. Há diversas hipóteses desenvolvidas por Avrane, as quais solicitam conceitos referenciados em outros autores de nossa disciplina; contudo, voltando à nossa discussão, o que chamamos de referente clínico da psiquiatria é a questão da timidez. Não podemos negar que a psiquiatria se debruçou sobre este problema antes da psicanálise. Isto não significa que os conceitos surgidos deste contato entre tímidos e psiquiatras nos são relevantes ou mesmo úteis.

Ao analisar as categorias psiquiátricas que descrevem a timidez, como a fobia social ou a personalidade evitativa, Avrane (2007) critica de forma contundente a inclusão da timidez no campo das fobias:

> Estes problemas podem se manifestar da seguinte maneira: fóbicos e tímidos se aterrorizam. E se omite então distinguir um sujeito que teme ver – um lugar vazio, um cão mesmo que mantido em sua coleira ou todo objeto que o aterroriza – de um sujeito que sai o menos possível por pavor de ser visto. Formulada assim, a diferença entre fobia e timidez parece simples: o fóbico é aquele que tem medo de olhar, o tímido, de ser visto. O primeiro teme a presença de um objeto, o segundo é ele mesmo o objeto de seu temor (Avrane, 2007: 32).

Para o autor, o risco da aproximação entre fobia e timidez é o acento que a psiquiatria coloca no objeto em detrimento do desejo do sujeito tímido. Todas as técnicas comportamentais para superar a timidez, assim como para superar as fobias, são tentativas de tornar o objeto neutro sem interrogar sobre o desejo: "Ao colocar acento somente sobre o objeto, vemos surgir o risco de dessubjetivação perversa. A culpabilidade procura dar conta do desejo do sujeito. Querer suprimi-la sem outro tipo de processo implica em tentar negar o desejo" (ibid.: 33). Uma das maneiras de realizar este processo é curar a fobia através do fetichismo e "isto passa por uma relação diferente com o outro, mais precisamente pela sua anulação" (ibid.: 34). O risco é transformar o tímido, então, num *adepto*. Avrane ressalta em todo o seu livro, que como dissemos é ricamente ilustrado pela clínica, que a psicanálise pode produzir um efeito diferente. Tal efeito, de reposicionamento diante do desejo e do outro, pode ser obtido graças à tradição conceitual teórico-clínica construída por nossa disciplina nestes mais de 100 anos, a qual nos permite não recuarmos diante do desafio ético de encontro com o novo. Se, para enfrentar este desafio, precisamos estar atentos à nosografia psiquiátrica, tê-la em nosso campo de visão, mas sem subserviência, nada mais fazemos do que repetir o gesto inaugural de Freud, sempre atento às categorias médicas de seu tempo sem nunca se dobrar a elas.

Referencias bibliográficas

American Psychiatric Association (APA). (2002). *DSM IV-TR: Manual diagnóstico e estatístico de transtornos mentais.* Porto Alegre: Artes Médicas.

Avrane, P. (2007). *Les timides.* Paris: Seuil.

Bercherie, P. (1985). *Os fundamentos da clínica: história e estrutura do saber psiquiátrico.* Rio de Janeiro: Jorge Zahar.

Berrios, G. (1996). *The history of mental symptoms: descritive psychopatology since the nineteenth century.* Cambridge: Cambridge Univ. Press.

Cottle, M. (1999). *Selling shyness: how doctors and drug companies created the "social phobia" epidemic.* The New Republic.

Fairbrother, N. (2002). The treatment of social phobia – 100 years ago. *Behavior research and therapy*, 40, 1291-1304.

Green, A. (2003). Énigmes de la culpabilité, mystère de la honte. *Révue Française de Psychanalyse: Honte et culpabilité*, tomo LXVII. Paris: PUF.

Kessler, R. C., McGonacle, K. A., Zhao, S., Nelson, C. B., Hughes, M. *et al.* (1994). Lifetime and 12-month prevalence of DSM III-R psychiatric disorders in the USA. *Arch Gen Psychiatry*, 51, 8-19.

Liebowitz, M. R., Gorman, J. M., Fyer, A. J. & Klein, D. F. (1985). Social phobia: review of a neglected anxiety disorder. *Arch Gen Psychiatry*, 42, 729-36.

Mezzich, J. E. & Üstün, T. B. (2005). Epidemiology. In: Sadock, B. & Sadock, V. *Comprehensive textbook of Psychiatry*, 8ª ed. (pp. 682-695). Lippincott: Williams and Wilkins.

Miller, J-.A. (2003). Notes sur la honte. *Revue de la Cause freudienne*, 54.

Pelissolo, C. & Légeron, P. (1995). La phobie sociale: approche clinique et thérapeutique. *L'encephale*, XXI, 1-13.

Pinheiro, T., Verztman, J., Barbosa, M. T. & Venturi, C. (2006). Por que atender fóbicos sociais: justificativa de uma pesquisa clínica. In: Bastos, A. *Psicanalisar hoje.* Rio de Janeiro: Contracapa.

Rodrigues, A. T. & Banzato, C. M. (2009). A logical-pragmatic perspective on validity, *Dial Phil Ment Neuro Sci*, 2(2): 40-44.

Tisseron, S. (1992). *La honte – Psychanalyse d'un lien social.* Paris: Dunod.

Verztman, J. (2005). Vergonha, honra e contemporaneidade. *Pulsional*, 181, 88-100. São Paulo.

Zygouris, R. (1995). A vergonha de si. In: *Ah! as belas lições!*. São Paulo: Escuta.

Zimmerman, M. & Spitzer, R. L. (2005). Psychiatric classification. In: Sadock, B. & Sadock, V. *Comprehensive textbook of Psychiatry*, 8ª ed. (pp. 1003-1034). Lippincott: Williams and Wilkins.

Psicanálise e Medicina da Reprodução: notas sobre três tempos na história desse encontro

Simone Perelson

Primeiro tempo: um comentário de Freud sobre as tecnologias contraceptivas

Em 1898, no texto "A sexualidade na etiologia das neuroses", Freud afirma que um dos maiores triunfos que a humanidade poderia alcançar seria o de "elevar o ato responsável de procriar filhos ao nível de uma atividade deliberada e intencional, libertando-o dos embaraços acarretados pela satisfação necessária de uma necessidade natural" (Freud, 1898/1976: 304). Nesta época, como observa em seguida, encontrávamo-nos longe de realizar essa possibilidade. Tal fato colocava, então, para os médicos, ainda segundo Freud, "uma tarefa prática para cuja solução eles podiam dobrar suas energias com resultados compensadores" (idem). E, conclui, então, o fundador da psicanálise: "quem preencher essa lacuna em nossa técnica terá preservado o prazer da vida e mantido a saúde de inúmeras pessoas; embora, é verdade, terá também pavimentado a estrada para uma drástica mudança em nossas condições sociais" (idem).

Pouco mais de cinquenta anos transcorreram até que, com a invenção, em 1951, da primeira pílula contraceptiva, o triunfo ao qual se refere Freud pudesse ser, em princípio, alcançado. Com efeito, as principais promessas da pílula, com a separação que ela opera entre sexo e reprodução, são, por um lado, a desvinculação do prazer sexual dos riscos de procriação e, por outro lado, a transformação – mesmo que parcial, é preciso observar – dessa última numa "atividade deliberada e intencional". E ninguém ignora hoje o papel que desempenhou a separação viabilizada pela pílula nas enormes transformações sociais reivindicadas e alcançadas ao longo dos anos 70. Entretanto, a drástica mudança em nossas condições sociais vislumbrada por Freud ganha hoje novos contornos na medida em que os últimos avanços da medicina no campo da reprodução não apenas liberam o exercício da sexualidade dos riscos da procriação, como também desvinculam a própria procriação do ato sexual. Inúmeras técnicas são hoje pesquisadas ou já oferecidas àqueles que não podem ou não desejam procriar pela via sexual: inseminação artificial, fertilização *in vitro*, congelamento e doação de sêmen, óvulos e embriões, clonagem reprodutiva. Hoje é em grande medida possível escolher não apenas quando, mas também como ter filhos. Por vias sexuais ou não, com um(a) parceiro(a) ou com recurso a um(a) doador(a), gestando o próprio filho ou recorrendo a um útero de substituição, em idade reprodutiva ou já em menopausa, submetendo-se às regras jurídicas de filiação ou estabelecendo novas montagens, e assim por diante. Esse novo contexto, no qual as ofertas (médicas e jurídicas) de escolha proliferam a uma inaudita velocidade, não se dá, sustentam inúmeros psicanalistas, sem que nefastas consequências se apresentem a nós. As teses sustentadas por Marie-Magdeleine Chatel, em *Malaise dans la procréation. Les femmes et la médecine de l'enfantement* (1993), para quem o reverso do controle científico da procriação é a infertilidade psíquica, são a esse respeito exemplares. Elas podem, além disso, ser inseridas num conjunto de discursos psicanalíticos que sustentam que, se os avanços médicos no campo da tecnologia contraceptiva puderam realizar o voto freudiano, separando o desejo da necessidade, as novas tecnologias reprodutivas, por sua vez, ao separarem a reprodução do desejo erótico do acaso e da lei a ele essencial e constitutivamente articulados, fizeram com que o ato procriativo passasse do campo fértil do desejo àquele da demanda insaciável, demanda esta que a medicina e o direito não deixariam de se apressar em buscar sempre satisfazer.

Mesmo admitindo a pertinência de tal advertência, nos parece, entretanto, necessário perguntarmo-nos se cabe reduzir o olhar psicanalítico sobre as novas tecnologias reprodutivas unicamente à produção e ao desenvolvimento desse diagnóstico. Parece-nos que se a psicanálise tem algo a dizer sobre o controle científico da reprodução, revelando o seu avesso, as novas tecnologias reprodutivas também têm algo a revelar ao psicanalista, podendo até mesmo ajudar-nos a esclarecer alguns de seus conceitos. É essa via de abordagem que buscaremos adentrar no que se segue e para isso fomos motivados ao mesmo tempo por um comentário de Lacan a respeito de uma notícia que chegou aos seus ouvidos sobre um caso de inseminação *post mortem* e um comentário de Zizek (2008: 391) sobre as reações do estabelecimento psicanalítico à passagem do desejo à demanda que caracteriza a subjetividade de nossa "sociedade pós-edipiana marcada" por uma "permissividade sem precedentes".

Segundo tempo: um comentário de Lacan sobre a *inseminação post mortem*

Segundo Zizek (2008), três vias principais descrevem o modo de reação do estabelecimento psicanalítico à passagem à lógica da demanda que impera hoje na cultura e na subjetividade. A primeira reage desmentindo essa passagem e continua a agir como se nada tivesse mudado no que concerne aos paradigmas freudianos relativos ao inconsciente e às suas formações. A segunda reconhece a passagem e tenta desesperadamente "acompanhar os tempos" de várias formas, como, por exemplo, "redefinindo seu papel terapêutico diante das 'novas angústias' da nossa época 'pós-moderna'" (ibid.: 392). A terceira, embora também reconheça a passagem, "a percebe como uma evolução perigosa, uma perda de nossas coordenadas ético-simbólicas fundamentais" (idem). Por essa razão, essa via "defende uma espécie de retorno à autoridade simbólica da Lei paterna como única forma de deter a queda no caos global" (idem). Ou seja, os psicanalistas que adotam essa via "deploram a lógica da demanda e defendem o retorno/a reinvenção do desejo por meio da reimposição de algum tipo de proibição" (idem). Segundo os termos irônicos de Zizek, o discurso sustentado aqui é: "Volte Édipo, tudo será perdoado!" (idem).

Criticando as três vias descritas acima, Zizek (2008: 393) adota uma quarta. Nem recusar as mudanças, nem admiti-las para lutar contra elas ou modificar a teoria e a prática analíticas para adequar-se a elas, mas sim afirmar que "só hoje encontramos, na vida cotidiana, o impasse libidinal básico em torno do qual gira a psicanálise". Como esclarece em outro momento (Zizek, 2010), ao contrário de as mutações contemporâneas estarem preparando ou mesmo coroando o funeral da psicanálise, como sustentam diversos críticos de Freud, o retorno a Freud empreendido por Lacan, a leitura lacaniana dos *insights* freudianos fundamentais, nos permite, ao contrário, ver que "só hoje o tempo da psicanálise está chegando" (ibid.: 9).

Com efeito, é justamente essa via de abordagem que Lacan parece adotar quando em 1957 – dez anos antes, portanto, da liberação da comercialização da pílula na França e quando a maior parte das técnicas reprodutivas acima referidas nem era vislumbrada e outras mal começavam a se desenvolver – é surpreendido por uma notícia de jornal referente a uma novidade científica no campo da reprodução. A notícia relata o caso de uma mulher que, desde a morte de seu marido, tem a cada dez meses, por inseminação artificial *post mortem*, um filho dele. Segundo as palavras de Lacan, "no momento da última doença que levou ao falecimento de seu marido, esta mulher, votada à fidelidade eterna, fez estocar uma quantidade suficiente do líquido que lhe deveria permitir perpetuar, à sua vontade, a raça do defunto" (Lacan, 1956-1957/1995: 383).

Se a notícia surpreende Lacan, não deixa também de nos surpreender o modo segundo o qual ele será levado a abordá-la e a abordar, à sua luz, a questão que a seu ver é "formulada no centro da experiência psicanalítica como eternamente não resolvida" (Lacan, 1956-1957/1995: 383), a saber: "o que é o pai?". A surpreendente conclusão a que chega Lacan é que foi preciso esperar esta "novidadezinha" para termos "a ilustração mais fascinante [...] daquilo que se chama o x da paternidade" (idem). Como esclarece ele a seguir, temos aqui nada mais nada menos do que a ilustração da concepção, já presente em Freud, de que o pai simbólico é o pai morto.

Em 1960, no escrito "Subversão do sujeito e dialética do desejo", após voltar à interrogação sobre "o que é um Pai?" e à resposta freudiana – "é o Pai morto", ou, em seus próprios termos, "é o Nome-do-Pai" –, Lacan volta à mesma conjectura formulada três anos antes, para perguntar: "Será porventura preciso que se nos alie a prática, que em algum momento talvez adquira força de uso, de inseminar artificialmente as mulheres [...] com o esperma de grandes homens, para que se extraiam de nós um veredicto sobre a função paterna?" (Lacan, 1960/1998: 827).

Portanto, antes de denunciar aqui a passagem do desejo à demanda ou de esbravejar diante dos riscos de foraclusão do Nome-do-Pai, o que ele observa é que apenas hoje o sentido freudiano da função paterna encontra uma boa ilustração. A inseminação artificial *post mortem* nos permite ver com toda clareza que o pai simbólico é necessariamente um pai morto. Entretanto, afirma também Lacan, visto que, "neste caso, o pai real também é o pai morto" (Lacan, 1956-1957/1995: 385), algo de novo se introduz aqui. Novos problemas são introduzidos. "O que se torna, nessas condições", pergunta, ele, "o complexo de Édipo?" (ibid.: 386). A notícia leva Lacan a conjecturar sobre algumas possibilidades futuras e a formular mais algumas questões. Diz ele que,

> a partir do momento em que nos engajamos nesta via, faremos às mulheres, numa centena de anos, crianças que

> serão os filhos diretos dos homens de gênio e que terão sido, daqui para lá, preciosamente conservados em vidrinhos. [...] A questão é então saber como, por que via, sob que modo, se inscreverá no psiquismo da criança a palavra do ancestral, da qual a mãe será o único representante e o único veículo. Como é que ela vai fazer falar o ancestral enlatado? (Lacan, 1956-1957/1955: 385).

Assim, se, por um lado, a inseminação artificial *post mortem* ilustra a fertilidade simbólica do pai morto, por outro lado algo de novo se introduz aqui, afirma Lacan, a saber, o fato de o pai real encontrar-se aqui também morto. E, se isso é possível, é porque chegamos hoje "a isolar, perfeitamente, a natureza daquilo que não o é" (Lacan, 1956-1957/1995: 386). Explicando: se isso é possível, é porque chegamos hoje a isolar o sêmen – isto é, a natureza, cujo caráter, sublinha Lacan, é "profundamente artificioso" (idem) – do pai, ou seja, do pai simbólico, cujo estatuto de modo algum é natural. E é na tensão entre o pai morto e o sêmen, que o substitui metaforicamente, que a função paterna pode aqui se instituir. Eis os dois aspectos da via adotada por Lacan para abordar esse caso: por um lado, produção recente pela ciência de uma verdadeira ilustração da função paterna e, por outro lado, fator problemático no que concerne às possibilidades de sobrevivência do Édipo. Com efeito, imediatamente após lançar a hipótese da prática da inseminação artificial de mulheres com o esperma de grandes homens vir talvez adquirir no futuro força de uso, ele afirma que "o Édipo [...] não pode manter-se indefinidamente em cartaz em formas de sociedade nas quais se perde cada vez mais o sentido da tragédia" (1960/1998: 827).

A nosso ver, se Lacan encontra nesse caso de inseminação artificial *post mortem*, por um lado, a ilustração do pai que institui sua função pela sua morte simbólica, aquilo que nesse mesmo caso introduz, por outro lado, uma novidade, assim como novos problemas, pode servir para ilustrar uma outra dimensão do pai, que opera "para além do mito do Édipo" (1969-1970/1992: 116) e sobre a qual ele se deterá em seu último ensino, a saber, a sua dimensão *real*. Nesse sentido, podemos dizer que o pai que, mesmo morto, continua vivo sob a forma do gozo, o pai cuja existência se reduz ao gozo, ao concentrado de gozo, o pai que é puro gozo é o que define o que Lacan chamará, em 1970, no seminário sobre *O avesso da psicanálise*, de "pai real". Como ele ali formula, "na qualidade de real, o pai morto é aquele que tem o gozo sob a sua guarda" (1969-1970/1992: 116). Ao isolar, portanto, o sêmen do pai defunto, a ciência nos fornece uma ilustração não apenas do fato de que "o pai simbólico é justamente o pai morto, que só se alcança a partir de um lugar vazio" (1969-1970/1992: 90), mas também da "equivalência que se dá [...] entre o pai morto e o gozo" (idem). No plano, portanto, da teorização psicanalítica, esse caso, por um lado, ilustra um conceito que Lacan forja desde o início de seu ensino quando se debruça sobre o complexo de Édipo freudiano para extrair de sua dimensão imaginária a função simbólica do pai e, por outro lado, coloca Lacan na trilha de um "para além" ou de um avesso do pai simbólico, para extrair dele a sua dimensão real, sobre a qual se debruçará nos últimos anos de seu ensino.

O pai em sua dimensão real pode ser pensado, tal como o faz Philippe Julien (2002), como o "*quid* do engendramento". E, quer identifiquemos esse *quid* ao gozo fecundante, ao esperma concentrado, congelado e estocado no laboratório ou ainda, num esforço máximo de precisão, ao único espermatozoide presente numa microinjeção citoplasmática, a dimensão real da paternidade sempre dirá respeito ao impossível de saber que a ela se refere, ou ainda, à impossibilidade de demonstrar o verdadeiro no que lhe concerne. Como observa Lacan, mesmo que só haja um pai real – o espermatozoide –, "até segunda ordem, ninguém jamais pensou em dizer que é filho de tal espermatozoide" (1969-1970: 120). Nesse sentido, o lugar do pai real é aquele do "ponto de impossível no saber", ou ainda, o de um furo no simbólico, e o pai simbólico, o Nome-do-Pai, só se institui na medida em que nomeia esse real impossível, em que recobre esse furo. Em outros termos: o pai morto só se institui enquanto pai simbólico na medida em que, enquanto pai real, sobrevive como concentrado de gozo.

A "novidadezinha" científica com a qual se deparou Lacan em 1957 – novidade referida à possibilidade de armazenamento, congelamento e circulação desse concentrado – o leva, em 1960, como vimos, a imaginar uma época, dentro, agora, de uns cinquenta anos, em que essa prática seria generalizada, as mulheres sendo inseminadas com o esperma congelado de gênios falecidos. Se esse tempo ainda não chegou – e não é nosso interesse aqui reforçar ou contrapor-nos a essas previsões –, encontra-se hoje bastante disseminada uma outra prática, cujos efeitos perturbadores não deixam de ecoar na experiência clínica e teórica do psicanalista dos dias de hoje, a saber, a prática de inseminar mulheres não com o sêmen de grandes homens, mas sim de doadores anônimos. E se

Lacan fez da prática cuja generalização é por ele projetada num futuro a ilustração do "x da paternidade", se o sêmen do defunto serviu a Lacan para, nos anos 1950, revelar a verdade da função paterna enquanto referida ao pai simbólico, ao puro significante dessubstancializado, a prática, hoje já bastante comum, de recurso ao sêmen anônimo, à pura substância de gozo sem nome, parece ilustrar, por sua vez, as formulações posteriores de Lacan sobre o pai real, sobre o pai enquanto resíduo de gozo que faz furo no simbólico como um impossível de saber.

Contrariamente, portanto, a uma corrente que sustenta ser o sêmen anônimo puro material biológico, não tendo, por essa razão, nada a ver com a montagem puramente simbólica da filiação, nos parece que ele tem, sim, nela, alguma participação, podendo muito bem funcionar como uma possível encarnação contemporânea do pai real. E isso, evidentemente, não no sentido de demonstrar a verdade da paternidade, mas, ao contrário, de sustentar a sua dimensão de gozo sem nome e o seu lugar de impossível saber em torno do qual – recobrindo-o e revelando-o – pode vir a se instituir um, entre os vários possíveis, nome-do-pai.

Nesse sentido, talvez possamos dizer que as condições de possibilidade de uma construção bem-sucedida da filiação nos casos de doação anônima de sêmen se refiram às possibilidades que encontram uma mulher (nos casos de produção independente) ou um casal (nos casos de inseminação artificial heteróloga) de se deixar furar por essa substância de gozo que invade anonimamente o corpo da mulher para fazer-lhe um filho, de nomeá-la de forma singular e de transmitir ao filho esse nome. Assim, mesmo que, no caso de um casal que recorre a um doador de sêmen, não possamos senão concordar com Eric Laurent quando ele afirma que "a criança não vem da aliança da mulher com o esperma, a criança vem de um homem que faz aliança com uma mulher" (Laurent, 2007b), isso não quer dizer que o sêmen anônimo fecundante não tenha lugar algum na montagem da filiação a partir da aliança. E nos casos em que esse recurso é feito para viabilizar a chamada "produção independente", nos casos em que não há, de fato, um "pai de família" fazendo aliança com uma mulher, ele pode vir a ocupar uma função fundamental, a saber, aquela de, enquanto lugar de gozo que fura o simbólico com um impossível de saber, exigir da mãe o trabalho de nomeação que possibilita a instauração da função paterna.

Erigir um nome-do-pai a partir dessas novas peças que a medicina coloca hoje em cena, reconfigurando as montagens de filiação, é um dos desafios com os quais se vê atualmente confrontado um número cada vez maior de homens e mulheres. Da mesma forma, teorizar sobre as funções que essas novas peças podem desempenhar nessas novas montagens é também um desafio colocado de modo cada vez mais frequente aos psicanalistas. A todas as dificuldades que tentamos até agora abordar soma-se uma outra, à qual não podemos aqui senão nos referirmos: hoje, a aliança, marcada pelo desejo inconsciente, que fazem, para ter um filho, um homem e uma mulher encontra-se saturada por uma outra aliança, a saber, aquela entre a ciência, o inconsciente e o mercado, aliança cuja consideração, como sublinha Monette Vacquin, é fundamental para refletirmos sobre os últimos avanços médicos no campo da reprodução.

Terceiro tempo: alguns comentários sobre os últimos avanços e perspectivas futuras no campo da reprodução

Na aurora de nosso século, no ano 2000, vinte e quatro intelectuais se reuniram na França, num fórum organizado pelo jornal *Le Monde*, para debater a respeito do tema "Para onde nos levam as técnicas?". Nessa ocasião, Monette Vacquin (2001) expõe, sob a forma de uma panorâmica, uma seleção de alguns dos mais espantosos acontecimentos tecnocientíficos dos últimos trinta anos, panorâmica que, como declara a psicanalista, provoca nela o sentimento de estar assistindo a um delírio para o qual nos falta tragicamente uma compreensão de conjunto.

A panorâmica é aberta com o nascimento na Inglaterra, em 1978, de Louise Brown, primeira criança da história da humanidade concebida fora do corpo. Seis anos depois, nasce na Austrália a primeira criança na história humana tendo sido um embrião congelado. Em seguida, em 1987, na África do Sul, uma mulher torna-se ao mesmo tempo mãe e avó das crianças que dá à luz após ter sido inseminada com o material genético de sua filha e de seu genro. Nesse mesmo ano, uma empresa americana se especializa na comercialização de embriões humanos e seu sucesso imediato leva suas ações a serem cotadas na Bolsa. Dois anos depois, é alcançado o domínio da técnica de punção e maturação de ovócitos de fetos não viáveis, o que permite teoricamente a crianças não nascidas terem filhos. Segue-se a esse êxito o primeiro anúncio, em 1993, de uma realização bem-sucedida de clonagem humana por cisão embrionária. Três anos depois, nasce Dolly, o primeiro clone mamífero. As pesquisas sobre a clonagem humana com fins reprodutivos ganham fôlego e os cientistas já anunciam a iminência do nascimento de clones humanos.

Esses acontecimentos, sustenta Vacquin, colocam nossa geração numa situação inédita, a saber, na situação de poder congelar a nossa descendência, estocá-la e modificar seus caracteres. Além disso, indica a psicanalista, eles apontam para uma estranha reviravolta: da demanda que marcou os anos 70 – "o máximo de sexualidade com o mínimo de reprodução" – passamos, a partir dos anos 80, ao "máximo de reprodução com o mínimo de sexualidade". Em outros termos: do "liberar-se através da sexualidade" passamos ao "liberar-se da sexualidade". Enfim, mesmo que não deixe de sublinhar o efeito de sideração que esses acontecimentos lhe provocam, Vacquin depura de seu conjunto uma lógica, a qual revela uma mistura inextricável de uma racionalidade instrumental e de uma irracionalidade incontrolável. Mais especificamente, ele revela uma "temível aliança do inconsciente, da ciência e do mercado" (Vacquin, 2001: 63). Assim, intrincam-se aqui a vontade tecnocientífica de tudo saber, ver e controlar, a lógica mercantil, que transforma todo produto em valor intercambiável, e alguns dos fantasmas inconscientes mais arcaicos, tal como os fantasmas incestuosos – encenados por exemplo pela mulher que, tal como Jocasta, torna-se ao mesmo tempo mãe e avó de sua descendência – ou tal como o "apelo letal para o mesmo" a que nos convida a clonagem.

Sete anos depois de Monette Vacquin ter exposto a sua panorâmica, Eric Laurent lhe acrescenta mais um capítulo: pesquisadores americanos, tendo extraído espermatozoides antes da diferenciação das células seminais, conseguiram o nascimento de camundongos. A proeza é anunciada em 2006 num jornal italiano com a seguinte manchete: "Nascidos sem pai!". O psicanalista, por sua vez, refere-se a ela como a mais recente forma de substituição do pai pelo esperma, sem deixar de sublinhar ao mesmo tempo que "o mercado global, graças à ciência, faz da particularidade um objeto de troca como os demais" (Laurent, 2007a: 73).

Como podemos ver, e como observa Madalena Ramirez Sapucaia, "de 1898 [quando Freud observou que estávamos ainda longe de elevar a procriação a um ato deliberado e intencional] até os dias atuais, o desenvolvimento biotecnológico na área de reprodução humana foi muito além da expectativa freudiana [...] como também já está indo muito além da expectativa lacaniana" (Ramirez Sapucaia, 1999: 80). As expectativas freudianas referiam-se, como vimos, ao desenvolvimento pela ciência de uma tecnologia que permitisse separar o sexo da reprodução. Ela foi além, viabilizando a reprodução separada do sexo. As expectativas lacanianas referiam-se à generalização da prática de se inseminar mulheres com sêmen congelado de homens mortos. A ciência está buscando ir além e viabilizar tanto o nascimento de crianças sem mãe (ou cuja mãe se reduziria a um óvulo) e sem pai (ou cujo pai se reduziria a um espermatozoide) quanto a reprodução assexuada, isto é, a clonagem.

Como podemos ler agora, à luz das últimas possibilidades anunciadas pela tecnociência da reprodução, os comentários de Freud, de Lacan e de alguns herdeiros de sua tradição sobre a relação entre *eros*, reprodução e filiação? No que concerne aos comentários de Freud, cabe sublinhar que o entusiasmo que ele sustenta ao vislumbrar as possibilidades do controle médico da reprodução deve ser claramente circunscrito aos benefícios para o homem de uma possível liberação da satisfação erótica dos imperativos da natureza, isto é, dos riscos naturais de reprodução. E nada nos legitima a buscar simplesmente aplicar o seu otimismo à situação atual, na qual se revela o avesso do que ele vislumbrou em seu tempo. Como pudemos observar, nessa inversão, que alguns autores não hesitarão em chamar de dialética, revela-se muito mais do que um mero aprofundamento do projeto de autonomização do sujeito.

É no campo desse avesso que se anunciam, como vimos, as possibilidades de crianças nascidas não de um homem, mas de um espermatozoide e/ou não de uma mulher, mas de um óvulo. É também nesse campo que se anunciam as perspectivas de clonagem humana. Será que nesse universo, que até hoje permanece no campo da ficção científica, será abalado o fato, referido por Lacan, de que "até segunda ordem, nunca ninguém jamais pensou em dizer que é filho de tal espermatozoide"? E será que, nesse universo, continuará a ser uma ingenuidade, como defende Cottet, postular a disjunção do sexual e do parentesco (Cottet, 2006: 53)? Será, ainda, que essas novas possibilidades permitirão que se mantenha inabalável, tal como se manteve até hoje, "um irredutível da posição de pai e de mãe"? Será, de fato, que esse irredutível do qual nenhuma proposta utópica de destruição da família conseguiu escapar, como sustenta Lacan em sua "Nota sobre a criança" (1969/2003), e do qual nada indica que estamos em vias de nos liberar, como sublinha Laurent (2006), será que ele realmente se manterá ileso no universo das perspectivas anunciadas pela medicina da reprodução?

Essas questões, por mais estranhas e distantes da nossa realidade atual que possam à primeira vista parecer, não são a nosso ver inúteis de serem colocadas. Com efeito, embora as perspectivas anunciadas de crianças nascidas descendentes de espermatozoides e óvulos não tenham dado lugar a grandes debates – o que nos surpreende –, o mesmo não se dá no que se refere à clonagem humana, única técnica reprodutiva que, segundo a antropóloga Françoise Heritier (1996), abalaria de fato as referências fundamentais que em toda e qualquer cultura sempre fundamentaram a ordem da filiação.

É fato que a clonagem é considerada, de forma quase que unânime pelos inúmeros comitês de ética que proliferam pelo mundo, como um grave atentado à autonomia e à dignidade humanas, como uma severa violação dos direitos fundamentais do homem, ou ainda como uma instrumentalização inaceitável da vida humana. Pela clonagem, a vida humana perderia seu estatuto de fim em sim mesma, transformando-se em meio; a pessoa se transformaria em objeto manipulável Por essa razão, sustentam os comitês de ética, ela deve ser categórica e universalmente interditada.

Entretanto, segundo o biólogo e filósofo Henri Atlan, o debate sobre o caráter aceitável ou não de a ciência ultrapassar o limiar em direção à reprodução assexuada tende muito provavelmente a mudar de natureza dentro de uns cinquenta ou no máximo cem anos, fazendo cair por terra a suposta validade universal e categórica da interdição de cunho humanista à instrumentalização da vida humana. Em um livro publicado em 2005 e que tem por título *O útero artificial*, Atlan sustenta que a partir do momento em que a ciência superar as barreiras técnicas para realizar uma verdadeira ectogênese, isto é uma gestação extracorporal completa – o que, a seu ver, deverá ser alcançado, no máximo, nos próximos cem anos –, a barreira simbólica da implantação uterina à aplicação eventual à espécie humana de reproduções assexuadas terá sido também ultrapassada.

Explicando: atualmente, o início e o fim da gravidez, respectivamente até o quinto dia e a partir da vigésima quarta semana, já podem se desenvolver fora do corpo de uma mulher. Uma ectogênese completa implicaria, portanto, em preencher o intervalo de aproximadamente seis meses, durante o qual atualmente a gravidez só pode se desenvolver no ventre de uma mulher. Algumas pesquisas científicas visando esse objetivo já foram iniciadas e, segundo Atlan, as dificuldades técnicas não são de difícil superação. Da mesma forma, a discussão sobre as vantagens e as desvantagens, de ordem médica e ética, da ectogênese humana em relação à gestação habitual no ventre de uma mulher já faz parte do cenário bioético. A esse respeito, observa Atlan, tudo se passa como se a ectogênese estivesse destinada a se apresentar em breve como mais uma opção dentre as inúmeras outras que se colocam hoje para quem quer ter um filho. Enfim, esse projeto científico tende, a seu ver, a se realizar não apenas por ser tecnicamente possível, mas também por ecoar satisfatoriamente os votos de uma sociedade que tem na liberdade individual seu valor supremo. Diz, então, Atlan (2005: 120): "o útero artificial no século XXI se inscreverá na continuidade da evolução iniciada no século XX em direção a uma separação cada vez maior entre sexualidade e reprodução". Contracepção, reprodução assistida e ectogênese. Com efeito, se a contracepção permite às mulheres disporem de seu corpo e evitarem uma gravidez quando não a desejam e se a reprodução assistida lhes promete ter um filho quando desejarem, a ectogênese reúne as características desses dois grupos de técnicas cujas finalidades são hoje opostas: ter um filho e evitar uma gravidez.

A ectogênese coroaria, assim, um processo de liberação social das mulheres, tornando-as iguais aos homens diante dos constrangimentos fisiológicos inerentes à reprodução e transformando a maternidade num simétrico da paternidade: como a paternidade, ela deverá ser construída (os termos aqui são de Atlan). Na medida, então, em que desaparecer a assimetria imemorial na função da reprodução, na qual baseamos desde a aurora dos tempos a diferença sexual e a organização das sociedades humanas, diz Atlan, "a diferença dos sexos na reprodução e na filiação desaparecerá enquanto dado da natureza imediatamente percebido" (Atlan, 2005: 132). Entretanto, e é aqui que a argumentação do autor nos parece interessante, antes de enaltecer a dissolução dessa diferença, ele pergunta: "de que serão feitos [então] os gêneros masculino e feminino e suas articulações nesse mundo onde a assimetria dos sexos na reprodução tiver desaparecido?" (ibid.: 166). Eis a sua resposta: "de modo aparentemente paradoxal, a hipermedicalização da reprodução levará a desbiologizar as relações dos pais, entre eles e com seus filhos. Continuando e concluindo talvez uma transformação já iniciada, o parentesco e a diferença entre os sexos serão cada vez mais sociais e menos biológicos" (ibid.: 166-167). E conclui: "longe de implicar necessariamente uma regressão antinatural, ela implica talvez uma humanização ainda mais avançada" (ibid.: 179). Não é possível deixarmos de observar que Atlan está aqui pensando a humanidade do homem referida à sua condição de um ser cujas diferenças não são determinadas pela natureza, mas sim autodeterminadas. E, nesse sentido, os avanços da ciência mostram-se solidários do projeto de autodeterminação do homem.

Entretanto, a viabilização da ectogênese terá também como uma de suas consequências, como já foi dito, a perda da barreira simbólica à reprodução assexuada. Dois fatos, associados, fundamentam a lógica de seu raciocínio. Em primeiro lugar, o desenvolvimento de proezas técnicas cada vez mais extraordinárias, que contribuíram para dissociarmos cada vez mais os primeiros estágios do desenvolvimento efetuados no laboratório das etapas seguintes, que implicam necessariamente a implantação e o desenvolvimento intrauterinos. Em segundo lugar, a própria clonagem, hoje já feita com animais, que obriga os cientistas a redefinirem o embrião-clone não mais em relação à fecundação, visto ser ela inexistente aqui, mas sim em relação à sua implantação e desenvolvimento intrauterino.

Associados, estes dois fatos fazem com que a implantação uterina funcione hoje como uma referência e uma barreira entre, por um lado, um conjunto extremamente amplo de potencialidades, englobando várias outras coisas e finalidades que não a existência humana individual, e, por outro lado, um engajamento em um processo que deve conduzir a um nascimento personalizado. Uma interdição para fazer crianças por clonagem nascerem, por qualquer razão que seja, pode, portanto, se traduzir como uma interdição de implantação uterina. É essa situação ainda relativamente simples, diz Atlan, que as gestações fora do corpo das mulheres virão abalar. Citando, então, o autor:

> Enquanto a octogênese permanece no domínio das predições futuristas e ainda nos limites da ficção científica, a implantação em um útero natural permanece uma referência, ao mesmo tempo que uma barreira, permitindo controlar a técnica e impedir a aplicação eventual à espécie humana de reproduções não-sexuadas. É essa barreira, ao mesmo tempo técnica e simbólica, que será ultrapassada a partir do

> momento em que a ectogênese tiver se tornado uma prática familiar (no duplo sentido do termo) não negligenciável das mulheres (Atlan, 2005: 89).

As duas vias abertas, segundo Atlan, pelas perspectivas de realização da ectogênese, a saber, por um lado, uma radicalização da autonomia humana, por ele colocada como um avanço de sua condição humana, e, por outro lado, a perda da barreira que nos protegia de transformar a vida humana em algo no que não conseguimos ou nos recusamos a reconhecer como humano, em algo que exige uma refundação de nossas referências simbólicas, como sustenta Françoise Heritier, para poder ser representado, nos indica mais uma vez que os avanços da ciência no campo da reprodução não respondem unicamente ao desejo de autonomia e controle dos indivíduos e da sociedade. Talvez o projeto trans-humanista, definido por Jean-Pierre Dupuis (2009: 98) como "a vontade de aplicar a racionalidade científica e técnica à condição humana", "de modo a permitir-lhe se refabricar à vontade, a cada momento podendo escolher, em função de seus desejos, seu corpo, sua psicologia e suas emoções", não seja a única chave de leitura do processo de desenvolvimento da ciência da reprodução.

Talvez, ao contrário, como sustenta Monette Vacquin, ele se coloque muito mais a serviço da realização de alguns fantasmas fundamentais do homem, os quais nada têm a ver com desejo de controle e de autodeterminação, mas, antes, com a possibilidade de gozar da posição de objeto fabricável, manipulável, congelável e plenamente exibível ao olhar do Outro. Talvez, ainda, devamos ver nele a realização do que Franklin Leopoldo e Silva define como o propósito do homem contemporâneo, a saber, "a desinvestidura do humano" (citado in Novaes, 2009: 12), o desaparecimento do homem vislumbrado pelos vários autores que incansavelmente se opuseram ao humanismo que marcou quase que hegemonicamente a Modernidade: Nietzsche, Heidegger, Foucault, Deleuze, Derrida, Lacan, para não citar senão os mais célebres. Talvez, enfim, os últimos avanços da ciência da reprodução estejam nos acenando com a possibilidade de realização do que Safatle (2009: 202) chama de uma "humanidade liberada da imagem do homem" e nos convidando a nos reconhecermos no inumano, definido pelo autor como potência que, corroendo a forma determinada do homem, coloca-se como condição para que os sujeitos deixem de ser escravos de uma forma normativa do homem. Eis as várias vias, plenas de riscos e perspectivas, que se abrem hoje para nós, vias abertas a partir da estrada cujo início da pavimentação Freud há pouco mais de um século vislumbrou.

Referências bibliográficas

Atlan, H. (2005). *L'utérus artificiel.* Paris: Seuil.

Chatel, M.-M. (1993). *Malaise dans la procréation. Les femmes et la médecine de l'enfantement.* Paris: Albin Michel.

Cottet, S. (2006). Le père éclaté. *La petite girafe*, 24, 47-54. Paris: Institut du Champ Freudien.

Dupuis, J.-P. (2009). O transumanismo e a obsolescência do homem. In: Novaes, A. (org.). *A condição humana. As aventuras do homem em tempos de mutações* (pp. 89-121). São Paulo: Agir Editora.

Freud, S. (1898). A sexualidade na etiologia das neuroses. *Edição standard brasileira das obras psicológicas completas de Sigmund Freud*, v. III. Rio de Janeiro: Imago, 1976.

Heritier, F. (1996). *Masculin/Féminin. La pensée de la différence.* Paris: Odile Jacob.

Julien, P. (2002). O amor pelo pai em Freud. In: Moingt *et al.* *Litoral: do pai* (pp. 171-188). Rio de Janeiro: Campo Matêmico.

Lacan, J. (1956-1957). *O seminário, livro 4: a relação de objeto.* Rio de Janeiro: Jorge Zahar, 1995.

Lacan, J. (1960). Subversão do sujeito e dialética do desejo. *Escritos* (pp. 807-842). Rio de Janeiro: Jorge Zahar, 1998.

Lacan, J. (1969). Nota sobre a criança. *Outros escritos* (pp. 369-370). Rio de Janeiro: Jorge Zahar, 2003.

Lacan, J. (1969-1970). *O seminário, livro 17: o avesso da psicanálise.* Rio de Janeiro: Jorge Zahar, 1992.

Laurent, E. (2006). Les nouvelles inscriptions de la souffrance de l'enfant. *La petite girafe*, 24, 88-96. Paris: Institut du Champ Freudien.

Laurent, E. (2007a). *A sociedade do sintoma. A psicanálise, hoje.* Rio de Janeiro: Contracapa.

Laurent, E. (2007b). De Tel Aviv a Roma. Entre luzes e sombras. *A Sephallus*, 2 (3), novembro de 2006 a abril de 2007. Disponível em <www.nucleosephora.com/asephallus/numero_03/pdf/traducao.pdf >.

Novaes, A. (2009). Entre dois mundos. In Novaes, A. (org.). *A condição humana. As aventuras do homem em tempos de mutações* (pp. 9-35). São Paulo: Agir Editora.

Ramirez Sapucaia, M. (1999). "Pater semper incertus est" enquanto a mãe é certíssima. O fim de uma era. In: Rios, A. *et al.*

(org.). *Bioética no Brasil* (pp. 77-96). Rio de Janeiro: Editora Espaço e Tempo.

Safatle, W. (2009). Sobre a potência política do inumano: retornar à crítica ao humanismo. In: Novaes, A. (org.) *A condição humana. As aventuras do homem em tempos de mutações* (pp. 199-220). São Paulo: Agir Editora.

Vacquin, M. (2001). Vers la "guérison" de l'espèce?. In: Ferenczi, T. (dir.). *Changer la vie?* (pp. 53-65). Bruxelas: Éditions Complexe.

Zizek, S. (2008). *A visão em paralaxe.* São Paulo: Boitempo.

Zizek, S. (2010). *Como ler Lacan.* Rio de Janeiro: Zahar.

Em tempos de Reprodução Assistida...

Maria do Carmo Borges de Souza
Marisa Decat de Moura

Introdução

A população mundial continua aumentando, à razão de 1.2%/ano, o que equivale a um adicional de 80 milhões de pessoas/ano. Entretanto, repetidamente ressalta-se a importância de pesquisas sobre homens e mulheres que procuram tratamento para infertilidade, experiência que pode ser vivenciada como dano, isolamento social, alienação, medo, perda de *status* social e, até mesmo, de situações de violência (Souza, 2008).

Num discurso sob falsas premissas de superpopulação, questiona-se com frequência se a assistência pública de saúde deveria contemplar esta parcela "não-prioritária" das populações, o que certamente exacerba os danos sociais. Ao atribuir a estes indivíduos as mazelas de uma superpopulação, sem a divisão da responsabilidade social como nos países em desenvolvimento, ao mesmo tempo nega-se a eles a autonomia de decidir sobre sua própria reprodução (Fathalla, Sinding & Rosenfield, 2006).

Com o nascimento de Louise Brown, em 1978, ou após a rápida disseminação da técnica da injeção intracitoplasmática de espermatozoides desde 1992, o potencial da reprodução assistida (RA) tem se mostrado aparentemente ilimitado. Isto nos remete a questões inéditas, ou mesmo fundamentais, relacionadas à estrutura celular, à genética, à manipulação dos gametas e embriões, ao diagnóstico genético pré-implantação, à seleção de embriões, ao estudo genético das células-tronco embrionárias, à clonagem terapêutica. E, acrescentamos, a questões relativas às mudanças/efeito dessas práticas médicas nas práticas sociais, assim como a questões éticas que tais avanços trazem.

Na América Latina, os principais centros (56 do Brasil) ligados à Rede Latinoamericana de Reprodução Assistida (Redlara) reportaram em 2007 o número de 34102 ciclos com aspirações, resultando em 10168 gestações e 10041 bebês nascidos. A Organização Mundial da Saúde recentemente emitiu um glossário atualizado sobre "Terminologia em RA", onde pela vez primeira referenda infertilidade como "doença" do sistema reprodutivo (OMS-Redlara, 2010), afetando 8 a 12% dos casais, com prevalência geral de 5% na população em idade reprodutiva. Embora a mulher seja o foco maior nos tratamentos da infertilidade, as causas masculinas e femininas contribuem igualmente para o problema. Entretanto, devemos ressaltar que a busca hoje de uma técnica de RA não necessariamente representa uma doença, mas por vezes tão somente uma decisão de projeto parental.

Na cultura ocidental, a produção científica hoje é marcada pela racionalidade que se opõe a outras dimensões do saber, frequentemente caracterizadas como não-ciência. A atuação do médico, suas decisões são cobradas com base em um pensamento científico ou em uma medicina de evidências (Friedland *et al.*, 1998) que compreende um grupo de pressupostos para a tomada de decisões, a saber: informações de estudos sistemáticos, compreensão da fisiopatologia (que pode ser, no entanto, insuficiente para a prática clínica) e a compreensão de determinadas regras para avaliar e aplicar de forma efetiva a literatura médica vigente.

A questão fundamental da medicina nesses dois últimos séculos tem sido, pois, diagnosticar, esclarecer, classificar as *patologias* no sentido de definir as *escolhas para a terapêutica.* Este modelo organicista tem se mostrado insuficiente para lidar com a questão da saúde, hoje encarada sob um ponto de vista mais amplo do que a simples ausência da doença: como a promoção das condições nas quais as pessoas possam ser saudáveis ou como bem-estar em todos os sentidos. É importante então ressaltar que não se trata de passar de um extremo a outro – no sentido de eliminar a referência ao "orgânico" no que diz respeito à saúde –, dando privilégio ao "psicológico" ou ao "social", mas de ampliar a visão da saúde e pensar para além das fronteiras disciplinares (Silva Filho, 2006). Se assim aplicarmos estes conceitos à infertilidade e à RA, do mesmo modo que em relação à medicina clínica, ganha-se uma maior visão, pois a causalidade linear não mais dá conta de tudo que se tenta explicar.

O que *pensam os sujeitos*[1] da RA? Como produzir melhores tratamentos?

---

[1] O conceito de sujeito para a psicanálise, diferente da acepção própria da filosofia ocidental em que é definido como sujeito do conhecimento, do direito ou da consciência (empírica, transcendental ou fenomênica), se refere ao sujeito do inconsciente.

Nos diferentes cenários e horizontes da RA, a medicalização e as tecnologias deslocam a fecundação do corpo para o laboratório (separando o sexo da reprodução); focalizam-se os tratamentos no corpo feminino, abrindo-se um hiato para a representação do pai (Moura, 2005); faz-se a introdução de terceiros na reprodução (cientistas, médicos, biólogos, psicólogos, doadores de material biológico, comitês de ética, Estado, indústria farmacêutica etc.). Múltiplas possibilidades se abrem a mulheres, homens, a casais heterossexuais e homoafetivos de inventar novas formas de parentalidade, de laços biológicos e sociais, de interação com os avanços científicos e tecnológicos. São oportunidades de deslocamento de fronteiras (dos limites da fertilidade e das possibilidades) das múltiplas formas de criação de laços sociais e de construção de condições sociais, econômicas e políticas (Almeida, 2008).

E o médico, "primeira linha" no atendimento ao indivíduo, como se posiciona diante desta circunstância em que se imagina que está "o saber" que trará o filho desejado? (Souza *et al.*, 2008). Se a construção vigente prioriza a terapêutica e esta se afasta do sujeito para combater a patologia, será que este sujeito sofredor não fica em segundo plano? (Luz, 2002). Alguns relatos têm evidenciado que um número razoável de pacientes deixa o tratamento por decisão própria, mesmo quando ele é totalmente assegurado pelo sistema de saúde, independentemente de motivação financeira (Domar *et al.*, 2009). Como fica então a relação médico-paciente? Como contribuir no atendimento à infertilidade para estabelecer uma diferença?

A RA é justamente uma *nova norma* que passou a ser conhecida e praticada pela medicina. *Normal* implica em seu suposto anormal. Esse anormal, interpretado de diferentes maneiras, tem como consequência discursos e práticas diferentes que pretendem “lidar” com esse anormal e/ou eliminá-lo. E o mundo contemporâneo é interpretado pelo discurso da ciência que pretende excluir o que escapa da norma estabelecida pelo seu discurso. Construídos pelas sociedades ocidentais, os conceitos de *normal*/anormal estarão submetidos à hegemonia do discurso da ciência e a como ela nomeia estes conceitos.

Tomando a saída do que é novo pela busca deste *normal*, saída através da qual homens nos tratamentos de RA buscam “dar conta” do novo experimentado (Moura, 2009), surge a questão se não estamos em um momento de efeitos da mudança de paradigma no que se refere ao *normal*, ao já estabelecido, ao contemplarmos o campo da medicina e da reprodução humana. O conceito de normalidade institui as normas como regras a serem seguidas. E o discurso da ciência instituiu os métodos estatísticos, indispensáveis para localizar os modelos ideais. Assim localiza-se o ideário do *normal* (bom) e do patológico (mal) para o ser humano. As estatísticas enquanto epistemologia das ciências da natureza, sob a lógica do provável, passam a comandar a normalidade em sua rede (Prata, 2003).

Testemunhamos o deslocamento de direção, entre fins do século XVIII e início do século XIX, do enfoque na “salvação” para o da “cura” com todas as suas consequências, inclusive no que concerne ao registro dos valores constitutivos da modernidade. Na regulação do *normal* as questões entre os registros da “vida/morte” e da “saúde/enfermidade” foram novamente colocadas em cena, agora com a substituição do discurso da religião pelos da ciência e da política. E, dando um salto necessário para a RA, passa-se a afirmar sua existência dentro de regras / normas, *normal*, assegurando a estas técnicas uma normalidade não-patológica.

Já os termos *natural* / natureza dizem o que faz com que uma coisa seja o que ela é, sua *essência*. A essência pertence à natureza de uma coisa, é aquilo sem o que ela não pode ser nem ser concebida. A natureza de um ser se distingue dos aspectos contingentes de sua existência. A descrição dos sintomas de um transtorno pretende o estatuto de lei, de essência. O doente é uma contingência. Podemos dizer "como a própria Filosofia dirá: a natureza é a existência das coisas enquanto determinadas pelas *leis universais* – aceitas por todos" (Garcia, 2008). Quando aspectos essenciais passaram a ser considerados como fazendo parte de uma existência – a distinguir de essência –, a natureza foi contestada. *Para além da natureza*, foi a expressão que se teve que construir para dar conta do que a Antropologia descobria ao confrontar *natureza* e cultura (Viveiros de Castro, 2002; Goldman, 2006; Ingold, 2000).

Aqui localizamos o ponto de tensão, interesse de nossa busca: a ciência biológica em seus avanços colocou-nos diante de situações *desnaturalizadas* como a RA. E, diante da *desnaturalização*, a exigência é grande, se pensamos que indivíduos em tratamento, assim como seus médicos, não estão preparados para o novo que se insere, estando todos submetidos à nova situação.

A entrevista com o médico é uma conversa que naturalmente pode convidá-lo a pensar, se ele o permitir. Se procurar acompanhar os movimentos do pensamento do paciente, interferindo o menos possível, num estilo coloquial, quando o indivíduo começa a discorrer – diferente de responder –, há a oportunidade de um novo mundo se abrir para verificar ou aprofundar o *pensamento que se anuncia* (Lazarus, 2001; Garcia, 2008). A escuta é um caminho para o interior das questões.

Um novo discurso terá que ser construído, e o está sendo paulatinamente, pensamos.

Há dois modos distintos de desenvolvimento científico, que Kuhn (2003: 31-32) chama de *ciência normal* e de revolução. A maior parte da atividade científica, que constitui *a ciência normal*, não consiste em testar as teorias existentes, mas, ao contrário, em desenvolvê-las. A *ciência normal* trabalha dentro do que Kuhn chama de *paradigma*. O conceito interessa-nos na medida em que equivale a um sistema de crenças, uma visão do mundo e seus problemas e porque estamos exatamente indagando sobre mudanças na clínica da reprodução humana.

Em tempos de muitas mudanças, pode-se utilizar sem o rigor teórico necessário o termo *mudanças de paradigma*, expressão que é bem aceita porque associada ao estar atualizado. No entanto, nem sempre o que é considerado novo pode ser considerado como efeito de mudança de paradigma. Concordamos com Kuhn que para entender o que é uma mudança de paradigma é necessário precisar o que é um paradigma. Segundo seu enfoque historicista, a ciência desenvolve-se segundo determinadas fases: estabelecimento de um paradigma, ciência normal, crise, revolução científica, estabelecimento de um novo paradigma.

A ciência *normal* é o período durante o qual se desenvolve uma atividade científica baseada num paradigma. Esta fase ocupa a maior parte da comunidade científica, consistindo em trabalhar para mostrar ou pôr à prova a solidez do paradigma no qual se baseia. Porém, em determinadas ocasiões, o paradigma não é capaz de resolver todos os problemas, que podem persistir ao longo de anos ou séculos inclusive. Neste caso o paradigma gradualmente é posto em cheque, e começa-se a considerar se é o marco mais adequado ou se deve ser abandonado. Então *se estabelece uma crise,* que ademais supõe a proliferação de novos paradigmas que competem entre si tratando de impor-se como o enfoque mais adequado. Finalmente se produz uma *revolução científica* quando um dos novos paradigmas substitui o tradicional. A cada revolução o ciclo se inicia de novo e o paradigma que foi instaurado dá origem a um novo processo de *ciência normal.*

Podemos concluir que uma mudança de paradigma é uma mudança de pressupostos básicos do campo de conhecimento, um novo conjunto de regras. Não é suave, pois implica a mudança do *status quo.* Implica em incluir o limite humano na construção de um saber, desde que este se revela inacabado e incompleto.

Paradigmas novos colocam em grande risco todos os que praticam o velho paradigma. Temos, portanto, a resistência presente em situações de mudança e sua importância para a evolução do campo de conhecimento. Se todos mudassem constantemente, não desenvolveríamos uma teoria até o seu potencial. Quando se estabelece um novo paradigma radicalmente diferente do anterior, surgem novos conceitos e novos problemas para serem resolvidos. Segundo Kuhn, o desenvolvimento científico ocorre por acumulação e ruptura através de mudanças de paradigma.

Desde o século XVII que o conhecimento e a técnica vêm se desenvolvendo de um modo que, paulatinamente, vai *quebrando paradigmas* no campo do conhecimento e do agir humanos. A biologia, sobretudo a biologia genética, através da articulação com a engenharia e outros setores tecnocientíficos, traz, a partir dessas mudanças, questões inéditas para a humanidade, como as da RA (Maia, 2000).

Na medida em que a medicina era fundamentada essencialmente na observação e na experiência, desprovida de fundamentos científicos (na acepção que o termo tem na atualidade) e transmitida diretamente do médico a seus aprendizes, constituía-se também como uma forma de viver. Ao tornar-se científica, ao mesmo tempo que se apropriava do modelo biológico em desenvolvimento a partir do século XVII tomava emprestado o paradigma positivista[2] da ciência, fundamentando assim o método clínico moderno. O olhar do médico cientista desloca-se do cuidado do doente para a investigação da doença, agora considerada como um desarranjo em uma máquina complexa, cuja solução encontra-se no campo da Biologia. Temos então o movimento do contingente-existência para a essência-epidemiologia.

A doença, enquanto objeto de estudo da ciência cartesiana, define-se como um problema, devendo este ser fragmentado em tantas partes quantas forem necessárias para permitir a compreensão e a resolução. "A primeira clivagem é realizada entre o corpo e o espírito, entre o 'somático', que constitui o universo prioritário de ações diagnósticas e terapêuticas, e 'o resto'" (Maia, 2000: 177).

[2] Desde a passagem do século XVI para o século XVII, o paradigma positivista regia a concepção de ciência. Nesta concepção surgiam invariavelmente características como objetividade, neutralidade, factualidade, rigor, sistematização, entre outras. O único modelo válido de saber científico era o das ciências experimentais.

Por outro lado, o paradigma positivista estende a divisão das ciências naturais à especialização médica. E esta, ampliando a possibilidade do aprofundamento de ações diagnósticas e terapêuticas, alia-se à tecnologia, que por sua vez amplia os sentidos humanos e estende as capacidades diagnósticas a lesões imperceptíveis, o que, por sua vez, reduz os limites entre a estrutura corporal do paciente e o meio externo.

Se o pensamento cartesiano teve seu papel e valor na construção do conhecimento biológico e no desenvolvimento de uma prática clínica cientificamente mais consistente, o paradigma da ciência pós-moderna[3] permite vislumbrar novos pressupostos que resgatem duas dimensões da unidade do ser humano. "É como se a tecnologia já não fosse tão eficiente como tinha sido antes. Ela não decide questões fundamentais" (Maia, 2000: 177).

A cada mudança a partir de avanços no conhecimento humano coloca-se em questão *o natural* e *o normal*. A *normatização*, as normas e procedimentos da RA já estão inseridos no campo da ciência e da cultura, mas a inclusão das normas na vida do sujeito só é possível a partir da palavra, da simbolização, isto é, da inclusão das normas na história de cada um dos implicados nos tratamentos, médicos e pacientes – o que já vem acontecendo paulatinamente, através de atendimentos clínicos, observações, contestações, recusas, aprovações, pesquisas, isto é, da palavra de profissionais e pacientes.

[3] Partindo da ideia de que a ciência moderna se encontra mergulhada numa profunda crise, podemos conceber a época em que vivemos como uma época de transição entre o paradigma da ciência moderna e um novo paradigma, de cuja emergência se vão acumulando os sinais, e a que, à falta de melhor designação, se chama ciência pós-moderna (Santos, 2005).

Considerações finais

1 – No momento de efeitos da mudança de paradigma no que se refere ao normal, ao já estabelecido no campo da medicina e da reprodução humana, a normatização, as normas e procedimentos da RA estão inseridos no campo da ciência e da cultura.

2 – Entretanto, a inclusão das normas na vida do sujeito só é possível a partir da palavra, da simbolização, isto é, da inclusão das normas na história de cada um dos implicados nos tratamentos: médicos e pacientes.

Referências bibliográficas

Almeida, S. S. (2008). Novas tecnologias reprodutivas e a constituição dos sujeitos: para onde vamos todos. In: Souza, M. C. B., Decat de Moura, M. & Grynszpan, D. (orgs.). *Vivências em reprodução assistida: o dito e o não-dito.* Rio de Janeiro: Revinter.

Domar, A., Smith, K., Conboy, L., Iannone, M. S. & Alper, M. (2009). A prospective investigation into the reasons why insured United States patients drop out of in vitro fertilization treatment. Doi:10.1016; j.fertnstert.2009.06.020. Article in press.

Fathalla, M., Sinding, S. & Rosenfield, A. (2006). Sexual and reproductive health for all: a call for action. *Lancet*, 368 (9552), 2095-2100.

Friedland, D. J., Go, A. S., Davoren, J. B., Shlipak, M. G., Bent, S. W., Subak, L. L. & Mendelson, T. (orgs.). (1998). *Medicina baseada em evidências. Uma estrutura para a prática clínica.* Rio de Janeiro: Guanabara Koogan.

Garcia, C. (2008). *Pesquisa e psicanálise. Seminários.* Inédito.

Goldman, M. (2006). Alteridade e experiência: antropologia e teoria etnográfica. *Etnográfica,* 5(1).

Ingold, T. (2000). A circumpolar night's dream. In: *The perception of the environment: essays in livelihood, dwelling and skill.* London: Routledge.

Kuhn, T. (2003). *A estrutura das revoluções científicas.* 7ª ed. São Paulo: Perspectiva.

Lazarus, S. (2001). Anthropologie ouvrière et enquêtes d'usine: état des lieux et problématique. *Rev Ethnol Française,* 5, 389-400.

Luz, M. (2002). Racionalidades médicas e bioética. In: Palácios, M., Martins, A. & Pegoraro, O. A (orgs.). *Ética, ciência e saúde.* São Paulo: Vozes.

Maia, J. A. (2000). *Método clínico e paradigmas da ciência. Interface – Comunicação, Saúde, Educação, 4, 177-180.*

Moura, M. D. (2005). Reproduction assistée. Un savoir sans verité et un savoir pas sans verité. *Le journal des psychologues,* 40-43.

Moura, M. D. (2008). Reprodução humana desde sempre assistida. In: Souza, M. C. B., Moura, M. D. & Grynszpan, D. (orgs.). *Vivências em tempo de reprodução assistida: o dito e o não-dito.* Rio de Janeiro: Revinter.

Moura, M. D. (2009). *Função paterna e o lugar do pai nos tratamentos de reprodução assistida.* Tese de Doutorado. Programa de pós-graduação em Cirurgia Geral, setor Ginecologia, UFRJ.

OMS-Redlara. (2010). Glossário revisado da terminologia das Técnicas de Reprodução Assistida (TRA), 2009, Comitê Internacional para Monitorização da Tecnologia Reprodutiva Assistida (ICMART) e Organização Mundial da Saúde (OMS). Disponivel em: <http://www.redlara.com/glossario_port.asp>. Acesso em: 23/04/2010.

Prata, M. R. (2003). Processos subjetivos e normas contemporâneas. In: *Estados Gerais da Psicanálise*: Segundo Encontro Mundial, Rio de Janeiro. Disponível em: <http://www.estadosgerais.org/mundial_rj/download/5c_Prata_87141003_port.pdf>. Acesso em: 23/09/2008.

Redlara. (2007). Registro Latinoamericano de Reprodução Assistida. Disponível em: <http://www.redlara.com>. Acesso em: 23/04/2010.

Silva Filho, J. F. (2006). Identidade científica. Ética e pluralidade cultural na saúde. In: Silva Filho, J. F., Previato, J. O. & França, I. A. (orgs.). *Profissão, ciência e ética na saúde*. Rio de Janeiro: CCS; UFRJ.

Santos, B. S. (1998). *Um discurso sobre as ciências*. Porto: Afrontamento.

Souza, M. C. B. (2008). Infertilidade e reprodução assistida. Esse tal desejo de ter um filho. In: Souza, M. C. B., Moura, M. D. & Grynszpan, D. (orgs.). *Vivências em tempo de reprodução assistida: o dito e o não-dito*. Rio de Janeiro: Revinter.

Souza, C. B., Moura, M. D., Henriques, C. A., Mancebo, A. C. A., Neves, H. C. N. & Rito, A. L. S. (2008). Interação equipe-casal em infertilidade: a construção do diálogo. *J bras rep assist*, 12, 33.

Viveiros de Castro, E. (2002). O nativo relativo. In: Mana, 8 (1), 13-148. ISSN 0104-9313. Disponível em: <http://poars1982.wordpress.com/2008/02/28/o-nativo-relativo-viveiros-de-castro>. Acesso em: 20/05/2008.

A "bioboucle"*, uma questão epistemológica atual

Christian Hoffmann

No seu livro *Entre ciência e realidade*, em capítulo intitulado A loucura, biológica ou construída?, Ian Hacking (2008) coloca bem o problema epistemológico atual. Ao mesmo tempo que deixa de lado a corrente "pós-humanista", a da biologia da consciência das ciências cognitivas e das ciências neurológicas, ele apresenta a questão do efeito espírito/corpo em termos de "bioboucle". Isso nos afasta do dualismo no que concerne à doença mental enquanto construção social ou real. Cabe a nós interrogar o estatuto desse real que Hacking não contesta.

Stanislas Dehaene, em aula inaugural no Collège de France – *Rumo a uma ciência da vida mental* – dá claramente a medida da importância, hoje, do naturalismo no campo científico. Escreve ele: "A nova psicologia do desenvolvi-

* N. T.: expressão do autor, sendo *boucle* fivela, anel, argola. Tentativa de aproximação: "bioenlace".

mento inspirou-se na etologia para avaliar, sem recorrer à linguagem, competências de bebês de poucos meses apenas" (Dehaene, 2006: 33). E Dehaene conclui sem rodeios: "Haveria, portanto, estreita homologia entre primatas humanos e não humanos" (ibid.: 44).

Existem, com certeza, diversos naturalismos. Jean Petitot propõe uma naturalização do mental pela via da naturalização de Husserl. Ele coloca o paradigma de um "monismo ontológico naturalista": para ele, a naturalização do sentido é que será "um dos grandes temas deste final de século". Tratase de estender as ciências da natureza às ciências humanas. A significação seria substituída pelo cálculo, permitindo a síntese da computação. Para isso é preciso, com a ajuda dos matemáticos, transformar em algoritmos os fenômenos; há de se notar que ele substitui o estudo do fenômeno pelo comportamento – o que já acarretou o fracasso do cognitivismo, posto que o comportamento é redutor de subjetividade. Sobre esse ponto, poder-se-á ler Dennett (2008), que propõe uma curiosa "heterofenomenologia" da consciência. Essa evolução da ciência (cognitiva), para Petitot, faria declinar a exceção ontológica do humano (o cognitivo e o social).

Em suma, ele propõe que se "desencante o real" para "reencantá-lo" pela explicação, vindo esta última a substituir a antiga busca de sentido. Não se pode ser mais positivista, apesar da pitada suplementar de subjetividade, quando recorre a Husserl.

Para nós, é interessante notar que as teorias biológicas da consciência, como as de G. M. Edelman (2004) e de J.-R. Searle (1997), buscam, igualmente, evitar o reducionismo que transforma o fato mental num correlato neuronal, ao supor um sujeito da consciência, sujeito esse que não pode dispensar os recursos da linguagem. Resumindo, trata-se, para alguns dos autores de concepções biológicas ou cognitivas da consciência, de abrir um espaço para a subjetividade humana.

O que não é o caso de versões mais enfáticas da naturalização do espírito, que propõem diretamente naturalizar a epistemologia.

A epistemologia naturalizada ou eliminada: eis a verdadeira aposta do novo cientismo. Essa designação vem diretamente da obra de Pascal Engel, *Filosofia e psicologia*. Ele escreve: "O naturalista sustenta que existem *apenas* descrições psicológicas, neurofisiológicas ou biológicas de processos causais, implicando uma relação entre estímulos sensoriais, respostas a esses estímulos e um ambiente exterior. Nesse caso, não se corre o risco de separar o que conhece do conhecido, o espírito das coisas" (Engel, 1996: 344-345).

Enfim, não há mais sujeito do conhecimento. O estudo científico da relação do homem com o seu ambiente não substitui, no entanto, o sujeito do conhecimento. Volta-se, assim, a Daniel Lagache que, em seu ensaio sobre *A unidade da psicologia*, em 1949, já expunha a opção "entre naturalismo e humanismo" (Lagache, 1949: 25).

Aí claramente ocorre, reconhece Pascal Engel, uma negação da teoria do conhecimento em favor daquilo que nós de novo chamaremos de visão de mundo do cientismo. E ele cita o caso de Patrícia Churchland, que pretende que a epistemologia tenha sido "refutada" pelas ciências neurológicas, as quais permitem identificar nossas crenças com estados neuronais. A constatação não tem apelação: volta a vigorar o naturalismo. A apologia do reducionismo de P. Churchland leva à conclusão de "[...] que o cérebro estuda o cérebro, fazendo teorias sobre aquilo que os cérebros fazem quando teorizam, descobrindo aquilo que os cérebros fazem quando descobrem e modificando-se sem cessar sob o efeito do conhecimento" (Smith-Churchland, 1999: 609).

Notemos que a ciência é tão dividida quanto a cidade, como demonstra Catherine Vidal (2005), neurobióloga do Instituto Pasteur, quando nos aponta que numerosos estudos de IRM revelaram a extraordinária capacidade de "plasticidade" do cérebro, que se modela em função da história vivida por cada um. Eis aí uma esperança!

Diante dessa escalada de poder do naturalismo, devemos desenvolver um questionamento das consequências de uma ciência sem sujeito do conhecimento sobre a construção das subjetividades humanas e sobre o sujeito da psicanálise. É, portanto, preciso que distingamos a subjetividade da questão do sujeito – o sujeito do qual Michel Foucault (1994: 205) declarava: "O sujeito: uma coisa complexa, frágil, da qual é tão difícil falar, e sem a qual não podemos falar".

Torna-se urgente, principalmente nas nossas universidades, repensar a articulação da psicanálise com a ciência levando em consideração essa evolução de uma parte importante da ciência rumo à naturalização do espírito. É esse trabalho de pesquisa que nos propomos conduzir, investigando os modos de produção da subjetividade a partir da filosofia, da ciência e da psicanálise e em relação com uma concepção psicanalítica do sujeito como efeito de seu relacionamento com o logos. Penso, por exemplo, na obra de J. Butler (2008) sobre o performativo.

Esse sujeito é estreitamente ligado ao corpo. Para Freud – e este é um ponto que nos parece crucial aqui –, é ele que incumbe cada sujeito de desempenhar um verdadeiro trabalho de desnaturalização, evitando tornar-se "joguete das forças naturais" (Freud, 1927: 19). Esse trabalho advém da responsabilidade do sujeito, onde está em jogo sua sexuação pelo desejo e a fruição. A psicanálise deve prosseguir no seu esforço de pensar a desnaturalização do sujeito dentro de um ambiente científico em grande parte tomado pelo naturalismo – aquilo contra o que Emmanuel Levinas[1] nos alertava desde 1934 e, em seguida, os trabalhos de Georges Canguilhem sobre *O cérebro e o pensamento*[2].

A frenologia pôde afirmar que "Descartes *é* seu cérebro", querendo dizer que Descartes é o envelope de um cérebro que pensa em seu nome – resta-nos, então, perguntar quem ou o que diz "Eu". É essa a questão de Georges Canguilhem que, mais do que nunca, pertence à atualidade, numa arrancada da ciência que vem honrar Lichtenberg com sua máxima: "isso pensa como isso brilha".

Assim, é necessário para nós examinar a pergunta de Canguilhem: será que se pode desviar o provérbio de Freud "Wo Es war soll Ich werden" para uso pelas ciências neurológicas? Será que um "Eu penso" pode virar um "isso", quer dizer, o cérebro (Canguilhem, 1980: 18)? As teorias eletrônicas e químicas da consciência vêm desfraldando velas e, frequentemente, naufragando nessa questão do "Eu". A psicanálise tem uma teoria do sujeito. Recordemos que Lacan soube instaurar o ser do "eu" no coração da experiência

---

1 E. Levinas (1934), *Quelques réflexions sur la philosophie de l'hitlérisme.* Eu cito, p. 16: "Se os materialistas confundiam o eu com o corpo, era ao preço de uma negação pura e simples do espírito".

2 G. Canguilhem (1980), "Le cerveau et la pensée"; eu o cito, p. 17: "Ao longo de todo o século XIX, o *Eu* penso foi diversas vezes recusado ou refutado em nome de um pensar sem sujeito pessoal responsável".

psicanalítica e que ele estendeu as consequências da recusa do pensamento do ser à relação do saber com a verdade[3].

Em sua obra *Ideologia e racionalidade na história das ciências da vida*, Georges Canguilhem especifica que "ideologia designa todo sistema de ideias produzido como efeito de uma situação inicialmente condenada a não conhecer adequadamente sua relação real com o real. A ideologia consiste no deslocamento do ponto de aplicação de um estudo" (Canguilhem, 1993: 36). Essa definição nos leva a interrogar-nos sobre o que é um "fato" para a ciência. Em outras palavras, uma imagem médica do córtex será um "fato"? A. Koyré é categórico nesse ponto. Eu o cito: "os 'fatos' devem ser ordenados, interpretados, explicados. Em outros termos, é somente quando submetido a um tratamento teórico que o conhecimento dos fatos se torna uma ciência" (Koyré, 1973: 290). Essa relação entre o "fato" e sua interpretação pode ser distendida até que se reconheça a estrutura da linguagem dentro do "fato" científico[4]. Lacan demonstrou isso em cima da experimentação de Pavlov (Lacan, 1967). Nós podemos, então, constatar que não há relação "real com o real" sem o intermédio da linguagem e que o cientismo se baseia inteiramente num conhecimento assim inadequado (Lecourt, 2001).

Diferente é o que acontece com o real da psicanálise, que é constituído pela descoberta freudiana de um incons-

---

[3] "O sujeito articula a questão: 'O que sou eu aqui?', dizendo respeito a seu sexo e sua contingência no ser". Lacan, in *Écrits*, 1966, p. 549.

[4] Cf. C. Hoffmann, "La voix, la lettre et le signifiant", *Psychologie clinique* n° 17 (S. Thibierge, C. Hoffmann, O. Douville), "Qu'est-ce qu'un fait clinique?", L'Harmattan. E *Psychologie clinique* n° 13 (R. Gori, C. Hoffmann e O. Douville), "Recherches cliniques em psychanalyse", L'Harmattan.

ciente, o qual é o lugar da repressão do desejo e cujo objeto está fundamentalmente perdido. Beckett se perguntava em *Cabo do pior* (1991) o que ainda se podia esperar no fim de uma vida, depois que tudo já tivesse sido perdido. Sua resposta é lancinante de verdade, a saber, que ainda se pode esperar perder melhor.

Essa articulação do desejo com a perda só faz confirmar o real do inconsciente.

Uma concepção estrutural da linguagem como sistema que significa o desejo inconsciente supõe um sujeito – um sujeito que não é senão o efeito dessa relação com o Outro. Longe da ideologia da autonomia de um sujeito eletrônico ou biológico, o sujeito da psicanálise encontra-se petrificado em "uma linguagem humana, que é essencialmente uma função semântica, da qual explicações de tipo fisicista nunca conseguiram dar conta. Falar é significar, dar a entender, pois pensar é viver dentro do sentido" (Canguilhem, 1980: 27). Nada pode resumir melhor nosso propósito que essa clara tomada de posição epistemológica de Canguilhem.

A autobiografia de um computador seria o máximo a se esperar de um sujeito eletrônico e biológico, um sujeito autônomo, que se "transferisse-para-fora".

Pode-se, então, tranquilamente, avaliá-lo como um computador. Eis o ideal do sujeito científico contemporâneo de quem se requer que ordene sua ação sob a palmatória de um novo imperativo kantiano: "Aja de tal maneira que a máxima de tua ação possa valer como programa para computador". Assim, nós podemos seguir e descobrir, graças a Georges Canguilhem, que a avaliação que acometeu a comunidade científica e social não é senão consequência de uma perda dos direitos do sujeito humano. Do mesmo modo, precisamos atentar para o fato de que uma ciência que perdeu a relação "real com o seu real" investe com força na luta contra o sujeito que faz o seu retorno ao real. Encontrar-se-á ilustração disso nas ferramentas atuais de reeducação dos comportamentos, como propõem as Terapias Comportamentais e Cognitivas[5].

Referências bibliográficas

Beckett, S. (1991). *Cap au pire.* Paris: Éditions de Minuit.

Butler, J. (2008). *Le pouvoir des mots.* Paris: Ed. Amsterdam.

Canguilhem, G. (1980). Le cerveau et la pensée. In: *Georges Canguilhem.* Paris: Albin Michel, Bibliothéque du Collége international de philosophie, 1993.

Canguilhem, G. (1993). *Idéologie et rationalité dans l'histoire des sciences de la vie.* Paris: Vrin.

Dehaene, S. (2006). *Vers une science de la vie mentale.* Paris: Fayard.

Dennett, D. C. (2008). *De beaux rêves. Obstacles philosophiques à une science de la conscience.* Paris: Ed. de l'éclat.

---

[5] Cf. o relatório do INSERM (2004) sobre a avaliação das psicoterapias: "As terapias comportamentais e cognitivas representam a aplicação à prática clínica dos princípios extraídos da psicologia experimental. Essas terapias foram primeiramente baseadas nas teorias do aprendizado: condicionamento clássico, condicionamento operante e teoria do aprendizado social. Depois, tomaram como referência as teorias cognitivas do funcionamento psicológico, em particular o modelo do tratamento da informação. Os princípios do condicionamento clássico (de resposta ou pavloviano) estão baseados na noção de que um determinado número de comportamentos resulta de um condicionamento por associação de estímulos [...]". Pode-se consultar a crítica desse relatório in Thibierge, S. e Hoffmann, C., A propos du rapport de l'INSERM sur l'évaluation des psychothérapies, *Journal Français de Psychiatrie*, 29, 2007, Erès.

Edelman, G. M. (2004). *Plus vaste que le ciel. Une nouvelle théorie genérale du cerveau.* Paris: O. Jacob.

Engel, P. (1996). *Philosophie et psychologie.* Paris: Gallimard.

Foucault, M. (1994). Lacan, "le libérateur" de la psychanalyse. *Dits et écrits,* t. IV. Paris: Gallimard.

Freud, S. (1927). *L'avenir d'une illusion.* Paris: PUF, 1995.

Hacking, I. (2008). *Entre science et realité. La construction sociale de quoi?* Paris: La découverte.

Koyré, A. (1973). *Études d'histoire de la pensée scientifique.* Paris: Gallimard.

Lacan, J. (1967). *L'acte psychanalytique.* Seminário inédito.

Lacan, J. (1966). *Écrits.* Paris: Seuil.

Lagache, D. (1949). *L'unité de la psychologie.* Paris: PUF.

Lecourt, D. (2001). *La philosophie des sciences.* Paris: PUF.

Levinas, E. (1934). *Quelques réflexions sur la philosophie de l'hitlérisme.* Paris: Rivages de poche, 1977.

Searle, J. R. (1997). *Le mystère de la conscience.* Paris: O. Jacob.

Smith-Churchland, P. (1999). *Neurophilosophie. L'esprit-cerveau.* Paris: PUF.

Vidal, C. & Benoit-Browaeys, D. (2005). *Cerveau, sexe et pouvoir.* Paris: Éditions Belin.

De perdas e danos: notas para uma reflexão sobre ciência e sujeito

Ieda Tucherman

> *A convicção hoje propagada é que cada um segue apenas seu interesse. Então o amor é uma prova contrária. O amor é esta confiança feita ao acaso.*
> (Badiou, 2009)

1 – Apresentação: o sujeito é um efeito do dispositivo

A segunda metade do século XX anunciou através de muitas vozes a morte do homem e o fim da ideia da existência de qualquer identidade ou substância que respondesse pela figura do sujeito. Esta declaração, à primeira vista anti-humanista, foi sustentada tanto na teoria da história de Althusser, o processo racional "sem sujeito", quanto nos escritos de Lacan, onde o sujeito depende dos efeitos da linguagem e da história particular dos objetos de desejo. Também foi presença importante numa certa linhagem filosófica, na qual reconhecemos a influência visceral do pensamento de Nietzsche e que tem como figuras expoentes Michel Foucault e Gilles Deleuze.

O curioso, como lembra Badiou (1993), é que esta convicção não gerou nestes pensadores nem naqueles a quem eles influenciaram qualquer desprezo pelas questões, pelos problemas, pelas injustiças e pelos sofrimentos dos homens de seu tempo. Ao contrário, todos foram, cada um à sua radical maneira, efetivamente solidários com os seus contemporâneos. Mostraram de muitas maneiras que este anti-humanismo crítico ou este ceticismo ativo eram a forma mais rigorosa de libertar cada um dos grilhões impostos por um conceito e uma forma determinados.

O conceito de dispositivo proposto por Foucault na década de 70[1] torna-se um poderoso instrumento neste processo de libertar o pensamento do sujeito, englobando três sentidos que se relacionam e provocam repercussões uns nos outros, a saber: o primeiro sentido define o dispositivo como uma rede formada por elementos tão heterogêneos quanto discursos diversos, instituições, proposições filosóficas, enunciados científicos, construções arquitetônicas, leis, normas em geral; o segundo sentido trata da natureza da relação entre tais elementos e o último considera que o dispositivo funciona como resposta histórica a uma urgência, o que seria a sua face estratégica.

Correspondendo à sua herança nietzscheana vinculada às ideias de campo e de conflito, os elementos componentes do dispositivo não repousam sobre uma rede equilibrada e impassível. Pelo contrário, o dispositivo foucaultiano comporta seus elementos em luta constante: ele é repleto de assimetrias, confiscos, produções de sentido e mobilidades de toda ordem.

Resumindo e destacando o que nos interessa, a temporalidade é participante ativa dos dispositivos: estes são

---

1 Encontramos este conceito tanto em A vontade de saber, volume I da *História da sexualidade*, quanto em textos publicados na *Microfísica do poder*, especialmente na entrevista.

históricos, específicos de cada cultura e instalam um regime de ver e dizer que atua distribuindo o visível e o invisível, fazendo nascer ou desaparecer o objeto que não existiria fora desta luz. O conselho metodológico consequente é que não devemos buscar sujeitos e objetos e sim regimes de constituição de sujeitos e objetos.

2 – Sobre atualidade e ciência

Então, nossa questão é pensar como, na atualidade, a tensão do dispositivo no qual habitamos e experimentamos o mundo e a nós mesmos, vale dizer, também somos experimentados, produz questões cuja urgência marca o nosso tempo. Em outras palavras, precisamos "definir as condições nas quais o ser humano problematiza aquilo que é, aquilo que faz e o mundo em que vive" (Foucault, 1984: 16). Ora, problematizar é também reabrir problemas aparentemente solucionados que, apresentados como evidências, ganham efetividade de operação no mundo teórico e legitimidade na realidade sociopolítica.

Vamos, portanto, ainda que muito panoramicamente, acompanhar as pegadas da ciência neste fazer ver e fazer dizer, fazer existir e fazer desistir (ou desaparecer) que nos interessa. Teríamos muitos companheiros neste percurso e certamente um expressivo número de guias e mentores. Escolhemos dois deles, cujas ideias contrastantes e pertinentes nos parecem efetivas e saborosas.

Começamos pela apresentação feita por Georges Steiner, na conferência que este proferiu no ciclo que coordenou, a convite da Fundação Calouste Gulbenkian, intitulada *A ciência está perto dos limites?*[2] (2008). Aí ele nos apresenta, entre muitas, duas ponderações muito interessantes: a primeira fala de uma divergência decisiva entre as sensibilidades científica e humanística como uma questão que tem a ver com o tempo: "[...] as noites do cientista tendem para o amanhã, o humanista, de modo inevitável, olha para trás. Como fazer conviver tais relações paradoxais?" (Steiner, 2008: 99). A resposta é nossa, lembrando Hannah Arendt (1981), que nos anos 50 nos deu uma pista: cabe a nós decidir o que queremos que fique e o que permitimos que vá embora, e este pode ser ainda um conselho válido.

A segunda seria: "O incomparável, o indecidível, o indeterminado não são acidentes históricos a serem ultrapassados. Estão no coração do empreendimento científico, são a 'matéria negra' da razão" (Steiner, 2008: 26). Retomando Goya, porque os artistas são sempre a melhor relação entre a sensibilidade e a crítica: "o sonho da razão produz monstros"[3].

O outro convidado é Michel Serres, um dos filósofos mais atuantes na análise das relações entre ciência, pensamento e sociedade. Ele comenta que é importante perceber que a ciência "inventa as condições da invenção", estabelecendo o pano de fundo hegemônico para o pensamento de uma época. Também leva em consideração na sua argumentação que, desde o Iluminismo, a ciência tem arregimentado os mais argutos elementos intelectuais e os mais eficazes meios técnicos e financeiros, aumentando desta maneira seu terreno

---

[2] Na apresentação do volume, cujo título é *A ciência terá limites?*, que foi também a apresentação da série de conferências, Georges Steiner foi apresentado como um humanista e um cartógrafo da cultura europeia.

[3] Frase que Goya inseriu na série de desenhos Caprichos da Guerra de 1776.

e sua influência (Serres, 1989). Seria o início de um processo que poderíamos chamar de cientificização da cultura.

Serres nos convida a pensar que, apesar da mitologia que circula nos meios ditos leigos, a qualidade de referência de uma ciência não vem de um salto mortal para fora da sociedade, do rompimento com as convenções ou das conexões; ao contrário, emerge da segurança das referências circulantes, da extensão das mudanças que estão em jogo, do número de interlocutores atraídos, da habilidade de seus difusores de convencer os outros. São as alianças necessárias de que nos fala Bruno Latour (2001) que se traduzem no empenho de deixar o público interessado. Como nos lembra Latour em um de seus textos: "Sem colegas e sem um mundo um pesquisador custaria pouco e não valeria nada" (Latour, 2001: 117).

3 – As ciências e seus modelos

Se a física foi a ciência absoluta na Segunda Guerra Mundial, como pontuou Oppenheimer na sua frase célebre "os físicos conheceram o pecado", lembrando Hiroshima e Nagasáqui, se, como saber-poder, foi o centro dos interesses durante a Guerra Fria, hoje sua importância foi largamente superada pela da biologia no plano da inovação científica. É como se tivéssemos vivido uma mudança de configuração causada por três fatores.

Tais fatores têm natureza diversa, o que os torna radicalmente complementares: o primeiro tem uma relação direta com áreas da economia e expressa a diferença produzida pelas biotecnologias, associação "virtuosa" da biologia com a indústria, fácil de verificar no imenso desenvolvimento da indústria dos fármacos desde os anos 60. O segundo tem a ver com a genética molecular e o extraordinário campo aberto para artificializar a vida, alterar seu curso, corrigir seus percursos e, no limite, afastar a morte do horizonte onde sempre nos espreitou, visível no projeto Genoma, o mais importante e ambicioso projeto que a associação mídia-ciência jamais divulgou. O terceiro também nasce associado a um campo externo à própria biologia e foi o extraordinário desenvolvimento das técnicas de visualização do corpo, que tem seu início na descoberta do raio X e prossegue passando por endoscopias, ultrassonografias, ressonâncias magnéticas e PET-scans, permitindo que absolutamente tudo seja visível e portanto conhecido no que toca ao humano.

Este conjunto de elementos tornou possível à biologia não apenas falar de quase qualquer coisa como, legitimamente, discursar sobre o humano. E, certamente, isto teve graves consequências, em relação às quais ainda não estamos suficientemente alertas: basta pensar que nos nossos tempos a biologia não atua mais no antigo campo clínico da terapia, mas trata da regulação da vida; temos uma sociedade cada vez mais medicalizada. Como nos lembra Robert Castel, pensando na administração dos riscos que acompanham a nova mentalidade biomédica, o efeito do olhar biomédico é o da dissolução do social.

Então, quando a saúde se torna um valor em si mesmo, um padrão para julgar e rejeitar comportamentos e condutas, a partir da avaliação dos riscos aí implicados, podemos falar de uma "somatização da subjetividade"[4]. Retomando a questão

[4] Na feliz expressão de Francisco Ortega em *O corpo incerto*.

que conduziu a maior parte dos esforços foucaultianos, temos uma nova e bastante contundente partilha entre o que seria normal e o que é patológico. Indo além, temos autorização imediata para, já que se trata de somatização, medicalizar a sociedade apoiados por valores de eficiência e *performance*.

Podemos incluir aí uma observação fundamental, apresentada nos primeiros trabalhos de David Le Bréton (1990): a partir dos anos 60 deixamos de *ser* um corpo, o que dava a este um estatuto ontológico, para começarmos a *ter* um corpo que podemos rejeitar em parte ou na sua totalidade e resolver transformar. Assim ultrapassamos uma última transcendência e um princípio ligado ao simbólico, que tornava possível mudar a imagem sem afetar diretamente a carne, a "parte crua do corpo". Hoje, não apenas isto foi banalizado como instalou um regime de obscenidade, isto é, de tudo dar a ver, fazendo desaparecer duas tensões constitutivas de toda a cultura da imagem no Ocidente, a saber, as partilhas entre visível e invisível e velado e revelado[5]. Esta foi, certamente, a condição necessária para a nova pragmática de inventar corpos.

4 – O predomínio da técnica

Falamos acima de biotecnologias, e não foi por acaso que não estamos mais nos referindo à antiga matriz biológica que enquadrava a categoria da vida na experiência moderna,

---

[5] Marie José Mondzain, uma estudiosa do mundo da imagem, fala na diferença da lógica judaica para a lógica cristã na relação com as imagens a partir desta diferença: a judaica vigoraria no campo do visível e invisível e a cristã na do velado e revelado.

nosso mais próximo passado. A radical diferença de imediato tem a ver com o papel da técnica: se nos outros dispositivos históricos ela foi um instrumento racional, um meio, um *tool*, agora a técnica é constitutiva da experiência. Significa dizer que vivemos num momento de mediação da cultura por máquinas de informação e numa crescente digitalização da experiência. Isto produz consequências importantes e variadas: para começar, mudamos de regime lógico; no universo digital, nomeado pelos franceses de *numérique*, o que se estabelece é o modelo da função, uma algoritmização do mundo que descarta a hermenêutica como processo de conhecimento.

O que quer dizer isto? Uma parte importante das nossas experiências é vivida no ambiente do ciberespaço, cada vez mais frequentado por nós e nossos avatares, como já previam textos antigos como o de Sherry Turkle (1995), onde um adolescente, entrevistado por ela, perguntava por que ele deveria dar privilégio a experiências que exigem um corpo, quando podia viver tantas vidas quantas janelas pudesse abrir no seu computador. Falamos hoje da ampliação das redes sociais mediadas por computador como uma conquista da técnica e elogiamos as novas sociabilidades que aí se criam; mas associamos a esta celebração a constatação de uma sociedade cada vez mais impregnada de narcisismo.

A segunda radical mediação pela técnica, onde ela é condição de existência e possibilidade, advém de outra radical transformação: sabemos que desde sempre a cultura foi pensada e produzida como uma separação da natureza; uma superação do biológico. Autores como Bernard Stiegler (1994) definem o humano exatamente a partir da exteriorização do biológico, o que já se verificaria por exemplo na escrita como exteriorização do cálculo e da memória. Recorrendo a pensadores como André Leroi-Gourham e Georges Simondon, ele aponta, a partir do primeiro, que a própria hominização é ligada a uma tendência técnica que faria o processo vital prosseguir fora do nível fisiológico, enquanto que do segundo ele seleciona a hipótese de que existiria na morfogênese dos objetos técnicos capacidades evolutivas autônomas em relação aos seres vivos. O que parece acontecer hoje é uma inversão: a técnica estaria sendo internalizada pelo ser vivo.

Significa dizer que a cultura está intervindo não apenas na natureza mas no biológico e, neste momento, talvez esta seja a mais contundente questão política que deveremos afrontar – o projeto Genoma e suas promessas, a engenharia genética e as novas ciências cognitivas, tanto as ligadas à realidade virtual quanto às neurociências, acenam com um novo cenário: nós talvez não sejamos o último degrau da evolução da espécie, talvez devamos intervir neste padrão, o que implica em aceitar ou recusar processos ligados à clonagem, simbiose, ao aperfeiçoamento da espécie, etc[6]. E, se o fato é técnico, a decisão é política.

5 – Política e limite; biotecnologia e biopolítica

Foi parte constitutiva da política moderna a ideia da existência indiscutível de limites, seja entre eu e o outro, este ou aquele país, a própria natureza e a cultura. A noção de

---

6 Não é possível ouvir falar em aperfeiçoamento da espécie e não associá-lo às ideias de eugenia.

contrato social com sua relação de direitos e deveres explicita esta realidade.

Ao contrário, a técnica contemporânea repousa sobre o princípio inverso de ausência de limites. É hoje o lugar onde se joga a relação entre o real e o possível; no entanto as condições foram alteradas: parecemos ter erradicado o impossível, que aparece em novas condições temporais, ou seja, como ainda não possível, ou, principalmente, como economicamente inviável.

Nossa principal ameaça desta maneira, a que anuncia nossas catástrofes futuras, parece advir do modelo lógico de atuação da técnica que pratica um pragmatismo que pretende autonomizar as ações em relação às intenções, que pertenciam, no mundo moderno, ao universo da política e da liberdade. Nossas sociedades, voltadas como estão para a ciência e a técnica, nos permitem desencadear processos sem retorno na e sobre a própria natureza. Pensando nas inúmeras catástrofes deste ano de 2010, torna-se cada vez mais precisa a expressão usada por Jean Pierre Dupuy (2007: 214): "os fenômenos são naturais; as catástrofes são políticas".

A nossa relação com a técnica, pragmática, desligada de uma política consequente, traz à cena uma genial advertência de Hannah Arendt ainda nos anos 50, quando no livro *A condição humana*, analisando a pertinência da noção kantiana de mal radical, nos lembrava que "O escândalo é que um mal imenso possa fazer par com a ausência de más intenções" (Arendt, 1981: 426).

Certamente isto foi pressentido por Foucault que, falando no final da década de 70 sobre a biopolítica, insistia que o novo capitalismo não apreende os indivíduos como consumidores, mas como produtores, e que ele (o capitalismo) visa "substituir um *homo oeconomicus* participante de trocas, por um *homo oeconomicus* empreendedor de si mesmo" (Foucault, 2004: 231-232). Não se tratava mais, como anteriormente, de impor um modelo de consumo ligado à necessidade de objetos, fossem estes eletrodomésticos, produtos de luxo ou automóveis, para lembrar a ideia de um modelo industrial.

Num mundo já saturado de objetos, o que representa valor ou capital é o próprio sujeito, constituindo-se como um estoque de condutas possíveis, demonstrando sua flexibilidade diante das mudanças. Cada um pode ser definido como este conjunto de competências que precisa ser estrategicamente atualizado segundo as circunstâncias, tornando possível a cada um agir sobre si mesmo buscando comportamentos valorizadores e modelos compatíveis de autoestima, palavra-chave desta razão pragmática e utilitarista[7]. Passamos de uma sociedade disciplinar que modelava os corpos para uma "sociedade *fashion* onde cada um deve, a cada instante, fazer da vida uma *performance*, adotar as condutas suscetíveis de adquirir ou perder valor como uma ação na Bolsa" (Salmon, 2010: 134).

6 – Novos saberes, novos poderes, novas subjetividades?

Já nos referimos acima ao novo modelo de ciência nascido da imersão da técnica nos corpos como na história, o que verificamos em variados universos narrativos ou, para estar

[7] Embora se tratando do agir sobre si mesmo e da atenção que isto convoca, nada mais longe do que a estética da existência que também foi pensada por Foucault como um trabalho de si sobre si mesmo.

de acordo com os novos tempos, diversas situações informacionais.

Trazendo a sardinha para o nosso cesto, uma vez que nosso campo abrange as experiências de comunicação, temos observado nas revistas informativas como *Veja*, *Isto é* e *Época*, assim como nas chamadas revistas de divulgação científica, isto é, *Galileu*, *Superinteressante*, *Scientific American edição Brasil*, dois campos temáticos procurando compreender o contraste retórico, semântico e o efeito produzido pelas matérias veiculadas do e no real; de um lado consideramos as matérias sobre as biotecnologias que prometem expandir a vida até quase a imortalidade; de outro, matérias ligadas ao meio ambiente, especialmente as vinculadas ao aquecimento global, que ameaçam com a morte da espécie, numa inversão do projeto moderno no qual o contrato social protegeria a população (coletivo, sociedade, humanidade) e o indivíduo, radicalmente finito, era o lugar de fragilidade. A hipótese que podemos anunciar é que a mídia, a divulgação científica e a atuação dos atores envolvidos parecem construir um *narcisismo tecnocientífico*[8].

Há certamente um acordo entre mídia, biopolítica e tecnociência: veiculando matérias ligadas às promessas biotecnológicas e às modelizações ideais dos "novos sujeitos flexíveis", a mídia ganha prestígio, seriedade e atualidade uma vez que a ciência é, no modelo ocidental, o topos representativo da verdade e a tecnologia é a manifestação da sua eficácia. Enquanto isto, a mídia oferece visibilidade e ampliação às promessas das tecnociências, intervindo mediata e imediatamente na

[8] Esta relação mídia / ciência é a base do meu projeto de pesquisa que tem o apoio do CNPq.

obtenção das enormes verbas atualmente necessárias, nas decisões de prioridade de investimentos e propiciando, em condições específicas, particularmente nas mídias ligadas às redes de computadores e/ou celulares, a pressão da população ou dos grupos interessados nestas decisões.

Na verdade, os meios de comunicação e as tecnociências são frutos da mesma aceleração tecnológica; funcionam num modelo que podemos classificar como sendo o da contração do tempo e transformam, muito rapidamente, aquilo que apareceu como uma possibilidade geradora de temor ou entusiasmo, porque vinculada a uma ideia de futuro, em atuais enunciados jornalísticos que passam a figurar na agenda de decisões legislativas, tais como as que vimos relacionadas às exigências nos rótulos dos produtos transgênicos, nas demandas de segurança na rede mundial de computadores, ou à anteriormente referida pesquisa sobre células-tronco.

Este acordo entre mídia, divulgação científica e biopolítica tem ainda outro componente: trata-se do princípio de que à informação, por exemplo, sobre os riscos da bebida, do fumo e da vida sedentária deve seguir-se um processo de conscientização que conduza o indivíduo a uma correta gestão do seu corpo, entendido como uma máquina no seu funcionamento e como uma empresa na sua administração; o indivíduo é então responsável pelo seu futuro, o que representa uma descoletivização do risco. Assim há a promessa da boa e longa vida se e quando observadas as exigências, a atenção e as prevenções que ela exige: uma intensa observação de si mesmo é a condição exigida, o que nos permite falar em narcisismo de base científica. Um exemplo ilustrativo aponta até uma redundância; no comportamento do *fitness*, nas academias de ginástica os indivíduos vivem literalmente suando diante de espelhos.

Ao mesmo tempo, por conta dos conselhos veiculados sobre hábitos a serem combatidos e outros a serem incorporados, muitas vezes o repertório e o tom destas matérias lembram bastante os manuais de autoajuda tão em voga no campo editorial. Como exemplo, um anexo da revista *Galileu*, de agosto de 2007, apresenta o seguinte título: *Supercérebro*, seguido de *Mais de 200 exercícios para turbinar sua cabeça*. Muito próximo de alguns títulos tais como o famoso *Como fazer amigos e influenciar pessoas...*

Em outra vertente, o indivíduo quase imortal (porque bem informado) é ameaçado nas matérias sobre as transformações no meio ambiente, de caráter quase sempre alarmista, próximas de um incômodo fatalismo: os riscos ambientais estão fora do nosso controle, *acontecem*, e diante deles só podemos aprender a coleta seletiva de lixo e rezar para bons acordos entre os governos.

7 – Um exemplo ilustrativo

Uma matéria publicada na editoria "Ciência" do jornal *Folha de São Paulo* em 21/07/09 trazia o título de "Cérebro turbinado" e, como *lead*, apresentava o seguinte enunciado: "Bioeticista pede liberação de drogas para 'doping mental', como a Ritalina, dizendo que elas são uma extensão natural da educação". Na sequencia, mencionavam-se o período de provas escolares e a ideia de que o tal "doping mental" aumentaria o desempenho cognitivo, sendo causa de animação para filhos e de pânico para pais.

O mais curioso, ou talvez mais revelador, é que o artigo dividia sua atenção de maneira assimétrica: dava menos relevância à hipótese de artificializar a função cognitiva como um processo próximo de uma desumanização e se estendia no comentário da injustiça que corresponderia ao uso da tal droga por alguns que se beneficiariam do seu efeito, em contraposição a outros que seriam "naturalmente" menos velozes e "focados"[9].

Resolvemos verificar como este tema aparecia em revistas estrangeiras, escolhendo arbitrariamente duas que têm em comum o prestígio que as cerca e que dedicaram ao assunto longas reportagens, apresentando pontos de vista variados e diversos interlocutores. São elas a *New Yorker* de 27 de abril de 2009, americana, e a *Philosophie magazine*, de julho-agosto de 2009.

Não faremos uma análise detalhada destas matérias: nosso interesse imediato foi confirmado pela coincidência temporal que apontava para uma mundialização tanto do efeito de turbinar cérebros quanto o de escrever sobre tal assunto. A diferença marcante que nos atraiu a atenção tornou-se imediatamente visível pelo contexto onde este assunto foi tratado.

Na *New Yorker*, assinada por Margaret Talbot, a matéria de 12 páginas tem o título de Brain Gain: the underground world of "neuroenhancing" drugs[10] e o *lead* da matéria era: "Cada era tem sua droga definidora. Neuroestimulantes são

---

[9] Desenvolvi a análise deste artigo num texto, escrito com meu orientando de doutorado Ericson Saint-Clair, intitulado "Turbinando cérebros, construindo corpos: sobre mídia, biotecnologias e eficácia", publicado na revista *Intexto*, número 8, de dezembro de 2009.

[10] A tradução seria: O ganho cerebral: o mundo *underground* dos neuroestimulantes.

perfeitamente concebidos para nossa obsessão de eficiência na equipada cultura BlackBerry". A jornalista entrevista vários usuários, quase todos estudantes universitários, neurocientistas, pedagogos, agentes de imprensa das companhias farmacêuticas que produzem Adderall e Ritalin, a princípio desenvolvidas para combater déficit de memória e atenção, A.D.H.A.

Ela também aponta sites onde é possível conseguir a droga, cuja venda sem prescrição não é legal, cita e consulta artigos publicados em revistas científicas, algumas de altíssimo prestígio como a *Nature*; enfim, faz com imensa correção a cobertura do campo. Recortando parte da sua conclusão, o que ela sugere, tal como o *lead* dava a entender, é o seguinte:

> Não faz sentido banir o uso de neuroestimulantes. Muita gente os está tomando e os usuários tendem a ser pessoas educadas e privilegiadas que procedem com o cuidado justo para evitar criar problemas[11]. [...] Neuroestimulantes combinam perfeitamente com a ansiedade dos colarinhos brancos na competição frenética da economia. E eles têm um relacionamento sinergético com as nossas múltiplas tecnologias digitais: mais aparelhos nós temos, mais distraídos nos tornamos e mais necessitamos de ajuda para podermos nos focar. A experiência que os neuroestimulantes oferecem não é a de abrir as portas da percepção, ou poder transgredir as fronteiras do *self*, ou sofrer um surto de genialidade [...] Neuroestimulantes não oferecem liberdade. De fato, eles facilitam uma esforçada e não romântica eficiente forma de produtividade.

11 Está bastante clara a perspectiva de cálculo de risco como matriz de avaliação.

A revista francesa, de matriz filosófica, como indica seu título, não entra direto na questão dos fármacos: num dossiê, *L'âme et le corps*, ela introduz uma espécie de duelo entre um neurobiólogo, Jean-Pierre Changeux, e um filósofo de matriz fenomenológica, Jean-Pierre Salankis, a partir de uma questão: a consciência se reduz ao cérebro?

Eles representam uma linha de partilha: de um lado os que seriam naturalistas, como Changeux, para quem toda vida psíquica é explicada por mecanismos biológicos, ou seja, nossa vida psíquica é apenas um caso de conexões sinápticas e de hormônios, enquanto para os pluralistas, como Salankis, não devemos desconhecer os mecanismos biológicos; contudo, a descrição científica do psíquico deve ser complementada por outros tipos de descrição: fenomenológicas, psicanalíticas, subjetivas e até romanescas.

O final do artigo introduz como divisor de águas uma questão, que o filósofo Jean-Pierre Salankis apresenta, considerando que não é possível fundar a ética numa transcendência espiritual do corpo nem num comportamento natural do corpo. "O que experimentamos como obrigatório e em que sentido experimentamos algo como obrigatório? Este é um problema importante que convoca respostas filosóficas".

Se tudo é assim, vale retornar a um texto antigo e sonoro de Barthes (1981: 4): "Não era preciso reduzir o enamorado a um conjunto de sintomas, mas fazer ouvir o que existe de inatual na sua voz". E então... o amor é a prova contrária, a invenção de um sujeito enamorado diante do outro e do mundo. Pelo menos enquanto um de nós quiser acreditar nisto. Porque também encontramos muito de crença nos bombásticos enunciados dos novos tecnocientistas.

Referências bibliográficas

Arendt, H. (1981). *A condição humana.* Rio de Janeiro: Forense Universitária.

Badiou, A. (1993). *Éthique: essai sur la conscience du mal.* Paris: Flammarion.

Badiou, A. (2009). *Éloge de l'amour.* Paris: Flammarion.

Barthes, R. (1981). *Fragmentos de um discurso amoroso.* Rio de Janeiro: Francisco Alves.

Bragança de Miranda, J. (2002). *Teoria da cultura.* Lisboa: Ed. Século XXI.

Bragança de Miranda, J. (2008). C*orpo e imagem.* Lisboa: Editora Veja.

Deleuze, G. (1989). Qu'est-ce qu'un dispositif? In: Michel Foucault. *Rencontre internationale*, 9, 10 et 11 janvier 1988. Paris: Le Seuil.

Dupuy, J. P. (2007). A tentação de apagar a política com a técnica. In: *O esquecimento da política.* Novaes, A. (org.). Rio de Janeiro: Agir.

Eltchaninoff, M. (2009). En a-t-on fini avec l'esprit? In: Philosophie. Paris, numéro 31, 54-57.

Foucault, M. (1984). *L'usage des plaisirs.* Paris: Gallimard.

Foucault, M. (2004). *Naissance de la biopolitique.* Paris: Gallimard-Seuil.

Latour, B. (2001). *A esperança de pandora: ensaio sobre a realidade dos estudos científicos.* Bauru: Edusc.

Le Bréton, D. (1990). *Anthropologie du corps et modernité.* Paris: PUF.

Ortega, F. (2998). *O corpo incerto.* Rio de Janeiro: Garammond.

Salmon, C. (2010). *Kate moss machine.* Paris: La Découverte.

Serres, M. (1989). *Élements pour une histoire de la science.* Paris: Bordas.

Sloterdijk, P. (2008). *Colére et temps.* Paris: Hachette.

Steiner, G. (2008). A ciência está perto dos limites? In: *A ciência terá limites?* Lisboa: Gulbenkian.

Stiegler, B. (1994). A tecnologia contemporânea: continuidade e rupturas. In: Scheps, R. (org.). *O império da técnica.* São Paulo: Papirus.

Talbot, M. (2009). Brain gain: the underground world of "neuroenhancers" drugs. In: NewYork: New Yorker, <http://www.newyorker.com/reporting/2009/04/27/090427fa_fact_talbot>.

Tucherman, I. (1999). *Breve história do corpo e de seus monstros.* Lisboa: Editora Veja.

Tucherman, I. (2005). Fabricando corpos: ficção e tecnologia. In: *Comunicação, mídia e consumo.* São Paulo: ESPM.

Tucherman, I. & Saint-Claire, E. (2009). Turbinando cérebros, construindo corpos; sobre mídia, biotecnologia e eficácia. In *Interim,* <http://www.utp.br/interim/revista_interim.htm>, número 8.

Turkle, S. (1995). *A vida no écran.* Lisboa: Relógio d'água.

Van Dick, J. (1995). *The transparent body: a cultural analysis of medical imaging.* Seattle and London: USA, University of Washington Press.

O fracasso normal da psicanálise: o real e a função do analista

Fernanda Costa-Moura [1]

Na entrevista que concede à imprensa, precedendo sua conferência "A terceira" (1974), Lacan afirma que é normal que a psicanálise fracasse, já que aquilo a que ela se consagra é muito difícil (Lacan, 1975a/2002:15-16)[2]. Diferente da ciência que por definição "não tem ideia do que faz" (Lacan,1974/2005: 75), e da religião, feita para "curar os homens do que não funciona" (ibid.: 87), a psicanálise pode nos dar alguma notícia do real (ibid.: 76).

---

[1] Agradeço a Amanda C. Pilão por sua contribuição para o desenvolvimento deste escrito, bem como aos colegas do Cartel de ensino da Oficina de neurose do Tempo Freudiano – Ana Cristina Manfroni, Flávia Franco, Francisco Leonel Fernandes, Maria Idália de Góes e Simone Gryner.

[2] A coletiva de imprensa teve sua versão original publicada em 1975 no boletim interno da École Freudienne de Paris (*Les Lettres de L'École*, nº16, 1975, pp. 6-26). Em 2005 foi publicada como livro pela Seuil, tendo por título *O triunfo da religião.* Entretanto, como o texto estabelecido omite justamente a passagem aqui mencionada e algumas outras, tivemos que recorrer à tradução da versão integral da entrevista publicada pela APPOA (Lacan 1975a/2002). A versão Seuil foi utilizada, em tradução nossa, para todas as outras citações da entrevista que aparecem referenciadas como Lacan (1974/2005).

Mas se a psicanálise pode atinar com o real isso não significa em absoluto que possa prevalecer sobre ele. Pelo contrário, justamente na medida em que se expõe à intrusão do real no campo do sujeito sem arrogar vitória possível sobre isto, a posição do analista é no limite insustentável e "só pode durar a título de sintoma" (ibid.: 82). Por ocupar-se especialmente "do que não funciona" (ibid.: 76), o psicanalista está confrontado ao real mais do que os próprios cientistas, pois não apenas ele está permanentemente exposto ao impossível que constitui o real para o sujeito, como "é forçado a sujeitar-se", a "tê-lo todo o tempo às costas"(ibid.: 77), qual espada de Dâmocles[3]. Os psicanalistas, diz Lacan, são "calejados" (*cuirrassés*) em angústia (idem). O que distingue o discurso analítico é justamente o fato de que este discurso demarca um real que de imediato e por definição considera ser incapaz de dominar.

A persistência do real é constitutiva de sua definição no ensino de Lacan: "Eu disse isso inicialmente sob esta forma: o real é o que retorna sempre ao mesmo lugar" (Lacan, 1975b/2002: 46). Mas se a noção de real introduzida por Lacan tem como origem este real matematizado ao qual a ciência nos fez aceder – o real dos astros em sua órbita calculável, ou o da lei da queda dos corpos – é preciso notar que aí estamos ainda longe da incidência do real para o sujeito. Por isso mesmo Lacan acrescenta: "[...] Num segundo tempo ao defini-lo, foi do impossível de uma modalidade lógica que tentei apontá-lo" (idem). Lacan remete portanto o real ao impossível, não mais significando "o que não pode ser", como

[3] No original: "*Ils sont forcés de le subir,* c'est a dire de tendre le dos tout le temps" (Lacan, 1974/2005, pp. 76-77), grifo nosso.

em Aristóteles, e sim como "o que não cessa de não se escrever" (Lacan, 1972-1973/1975: 55). Correlato antinômico e necessário do que a ciência escreve como regularidades, "o que não cessa de se escrever" (idem). Se a psicanálise precisa sustentar esta inflexão é justamente porque o impossível não é dado de imediato para o sujeito, e, sobretudo, não é dado que "o impossível é o real" (Lacan, 1974/1977: 53).

Na operação da ciência o real não comparece como impossível e sim como o que se encontra fixado pela formalização. A ciência, diz Lacan, "é o novo; e ela introduzirá coisas tão desconcertantes para a vida de cada um [...] que será preciso que, a todas estas convulsões produzidas pela ciência, se dê um sentido" (1974/2005: 79-80). Por ser capaz de dar sentido realmente a qualquer coisa a religião se torna imperecível (ibid.: 79). Mas se a religião triunfar, como é o mais provável, em sua tarefa de nodular o real ao sentido, "isso será sinal de que a psicanálise fracassou", diz Lacan (1975a/2002: 15-16). Já a psicanálise, de qualquer modo, por definição não triunfará sobre o real. Pelo contrário, sua sobrevivência *depende do real* do qual *ela é o sintoma* (Lacan, 1975b/2002: 51). Cabe aos analistas, portanto, no breve hiato que a emergência da análise propicia, ocupar-se do real – até o ponto, preciso, em que se venha a distinguir *de que* a psicanálise é o sintoma.

Mantendo esta diretriz no horizonte, o presente trabalho busca discernir o que pode ser a posição do analista na clínica, por relação ao real. Destacando o real que acossa o sujeito especialmente a partir do sintoma e da experiência do corpo, almeja-se assinalar a importância, cada vez maior na atualidade, de afirmar a irredutibilidade do real que abre a chance do advento do sujeito na dimensão do desejo

– em contraposição à pretensão de responder diretamente à demanda que caracteriza a ciência e mesmo a religião de nossa época[4].

Ciência sem noção

Ao abordar a operação da ciência em 1974, Lacan ressalta que esta estaria bem, também, incluída entre as posições impossíveis que Freud (1925/1976 e 1937/1976) arrolou. Mas na ciência, ainda menos do que quando se governa, se educa ou se analisa, não se tem a menor noção disso – já que a formalização intrínseca às suas operações, impõe justamente um distanciamento do plano das representações, em prol da combinatória acéfala de letras que codificam o real em algoritmos determinados. Assim, por estrutura a ciência não pensa, apenas prossegue seu curso – e, se houver alguma brecha, será antes pela "chegada do analista à sua função" (Lacan, 1974/2005: 73) que se poderá fazer alguma ideia do que está em jogo em sua operação.

[4] Deixaremos de lado neste estudo as questões relativas ao movimento da religião. Mas remetemos o leitor ao artigo "A psicanálise fracassa onde a religião triunfa: em torno do real e da ciência" (Costa-Moura & Bianco, 2006), onde se procurou articular o ressurgimento do apelo religioso à desconsideração do impossível promovida pela ciência. Paradoxalmente, no ponto a que chegamos de nossa contemporaneidade laica, o pertencimento religioso tem sido, efetivamente, um espaço importante de recolhimento do sujeito – como membro da seita, ou da comunidade religiosa. Mas que o retorno real do sujeito forcluído da ciência ganhe tão prontamente este contorno religioso, com tudo o que provoca de densidade imaginária, pode ter consequências bem problemáticas.

O advento da ciência é inseparável da infiltração de seus implícitos que perfaz o campo do sujeito como "forcluído" e "inconsciente". A matematização que dá origem à ciência moderna, mais do que apenas facultar inteligibilidade, arranja a ordem do fenomênico numa rede de cálculo que prescinde do sentido e cujos problemas e impasses, longe de convocarem a presença e o ato do sujeito para seu desdobramento, requerem antes a expelição forçada que Lacan (1965-1966: lição de 01/06/66) denominou forclusão do sujeito – para melhor serem remetidos às vicissitudes da pura sintaxe. Um jogo que deve seu alcance a regras formais, que independem do conteúdo dos enunciados em questão e, também, de qualquer enunciação (Lebrun, 1997). No mesmo golpe, porém, a ciência libera o significante que, exatamente por não ter significação fixada, constitui a "instância da letra" (Lacan, 1957/1998) que Freud encontrou compondo o sonho e informando o sintoma em sua equivocidade – e cujo valor de representação do sujeito a psicanálise restitui.

A incidência da ciência penetra em inúmeros ramos da atividade humana, surtindo daí uma série de possibilidades de manipulações diretas do real, inimagináveis no mundo antes da sua intervenção. Para ficar no que interessa a este trabalho, basta averiguar como o avanço da medicina alterou a nossa experiência do corpo (Foucault, 1963/2008). Na época de Freud o corpo estava presente na cultura como fonte de sofrimento incontornável, necessariamente "condenado à decadência e à dissolução" (Freud, 1930/1976: 85). Hoje vemos a compilação de uma infinidade de esforços e recursos na direção de prolongar a vida até o limite imposto não mais por seu próprio fim, mas sim pela presença dos comitês de bioética. Já que à medida que a ciência avança se desencadeiam, aqui e ali, pequenas "crises de responsabilidade". Mas o que está em jogo na ciência não pode ser detido por remorso ou contrição de seus atores (Lacan, 1959-1960/1986: 374). Por isso, apesar do embargo tardio de certo número de pesquisas no campo da ciência e medicina contemporâneas, vemos, ainda assim e cada vez mais, os ditos comitês de bioética às voltas com a difícil tarefa de estabelecer algum entrave ao *furor curandis*, hoje encarnado na prática médica da *distanásia* e alimentado pelos avanços técnicos da medicina.

A multiplicação destes comitês denuncia a falta de qualquer limite intrínseco que se interponha ao avanço inexorável da lógica da ciência. Contudo é preciso destacar que esta ausência de limites é constituinte das próprias operações formais que a ciência aciona. Operações cuja expansão é interna à ordem significante e independem de fomento da ideologia (Fernandes & Costa-Moura, 2009). A ciência não tem, *per se*, compromisso nem com a vida, nem com a cultura. No discurso científico, diz Lacan (1972-1973/1975: 37), "não há mais o mínimo mundo". Freud (1930/1976) já notara que muitos dos problemas que a ciência alega resolver são os que ela mesma criou. Se a ciência concerne aos problemas humanos, isso não significa que ela direcione ou limite sua atividade em função destes. A atualidade tem demonstrado sobejamente não existirem razões exteriores à própria ciência que efetivamente restrinjam seu curso. Às justificações de que, por sua via, se produz o bem para humanidade se opõem as experiências genéticas, com armamentos, a informática, etc.

Seria esta restrição uma questão de ética, de conscientização? O avanço da ciência dificulta que a questão possa ser colocada de forma tão linear. A ética diz respeito a um sujeito que possa em ato vir a responsabilizar-se por garantir – às suas próprias expensas – o limite simbólico referido às leis (não escritas) da linguagem (Vorsatz, 2010). Mas é o caso de perguntar: onde estaria o sujeito que poderia garantir um limite à ciência? Há sujeito como agente no curso da ciência? Ou este é apenas seu efeito?

Olhos que Deus lhe deu... com a cor que *você* escolheu[5]

Vê-se a que ponto os efeitos da manobra científica extrapolam o simples ganho de saber, quando se constata que o próprio sujeito emerge atrelado à matematização do real. Já discutimos em outras ocasiões (Fernandes & Costa-Moura, 2009; Costa-Moura & Freire, 2008; Costa-Moura, 2005) as consequências das operações formais que estão na base da ciência, na correlação que mantêm com o funcionamento social contemporâneo e seus efeitos no campo do sujeito. Para o que concerne a este trabalho observaremos apenas, com Garnot (2004), Fernandes e Rocha (2007), Czermak (1994/2009 e 2009) e Melman (2002 e 2008), que a marcha da ciência incide particularmente no real do corpo – impondo certos modos operatórios que acarretam remanejamentos importantes para o sujeito.

Examinemos brevemente as implicações da ciência na experiência cotidiana que fazemos do corpo – aquela

[5] Texto de propaganda de lentes de contato veiculada em *outdoors* na cidade do Rio de Janeiro, apresentado a mim pela colega Angela Jesuíno, psicanalista da ALI, que o recolheu em sua passagem pelo Rio em 2004.

mesma que Freud (1930/1976:105) isolara como fonte perene de mal estar e sofrimento –, com vistas a aquilatar as possibilidades que esta experiência carreia, ou não, para a elaboração subjetiva da dimensão do impossível no contexto contemporâneo.

Além dos *gadgets* fabricados sob medida para satisfazer aos orifícios corporais das formas mais variadas até o ponto de sua saturação (virtual ou real) – e que se tornaram para nós uma exigência e uma paixão –, temos hoje, disponível, um vasto arsenal de modalidades de intervenção direta no corpo. Procedimentos que se caracterizam exatamente por prescindir do assentimento do sujeito e, mesmo, por substituir com economia toda injunção a alguma ordem de ato (como é o caso das cirurgias bariátricas e das compensações farmacológicas do "humor", por exemplo). Sabemos e testemunhamos diariamente quanto esforço e dinheiro são despendidos para colocar à disposição uma variedade de recursos que nos permitem ajustar nossas possibilidades subjetivas aos ideais que pretendemos sustentar[6] – num movimento que, em lugar de abrir o campo para o questionamento de nossos ideais (e da relação inevitavelmente assintótica destes com a condição desejante que nos concerne), leva, ao contrário, a um submetimento cada vez mais inflexível e tirânico a estes ideais, tornados, por sua vez, mais e mais consistentes.

[6] Impossível não lembrar aqui da frase atribuída a Drauzio Varella, que ganhou o mundo via web: "No mundo atual está se investindo mais em remédios para virilidade masculina e silicone para mulheres do que na cura do Mal de Alzheimer. Daqui a alguns anos teremos, portanto, velhas de seios grandes e velhos de pinto duro, mas que não se lembrarão mais para que servem, nem um nem outro".

Como efeito do avanço da ciência, abriu-se para nós a ventura (e a aventura) da manipulação genética, reprodução assistida, congelamento de óvulos, estimulação elétrica de áreas específicas no cérebro, cirurgias de remodelação do corpo com ou sem implantação de próteses, etc. Ao lado disso contamos também com fármacos para estabilizar o humor, o apetite, garantir a ereção – tudo possível e acessível a quem possa pagar. E não são apenas procedimentos. A recente proliferação de diagnósticos, para síndromes e transtornos que se multiplicam, faculta ao sujeito esquivar-se mais facilmente à sua implicação nos impasses que enfrenta na vida. É bem evidente que um sem número de demandas, impensáveis há poucos anos, podem hoje ser facilmente consideradas, atendidas e reconhecidas socialmente, quiçá legalizadas (pensemos, por exemplo, nas cirurgias de troca de sexo, na possibilidade cada vez mais próxima da "gestação extracorpórea", etc.). Vivemos a possibilidade – e, em certa medida, sob o imperativo – de encontrar cada um, em seu entorno, do que nos satisfazermos, o mais plenamente possível. O que foge a esta regra é para nós, cada vez mais, escandaloso, um déficit, um dolo; de modo que passamos rapidamente à reivindicação e daí ao "direito" de ver nossas exigências atendidas.

O que nos concerne diante deste quadro não é somente debater se os males do sujeito correspondem ou não às disfunções e carências que lhes são associadas. Importa também discriminar que consequências tais apreensões acarretam e quais operações avalizam. Conhecemos todos a força da indústria farmacêutica e os efeitos de seu poderio sobre o campo do sujeito (Melman, 2002). Conhecemos também aquilo que Foucault (1976/1977) isolou como biopoder – essa modalidade moderna de poder configurada pela disciplinarização que se exerce sobre os corpos através de medicações, normas e dados estatísticos; além das políticas higienistas e objetivantes do "bem-estar" e da saúde pública. Mas o que nos diz respeito diretamente? É necessário manter a discussão num âmbito menos ambicioso para chegar a interrogar nossa própria implicação na coisa: por que nos posicionamos hoje, cada um de nós e como ordem social, de modo a corroborar incessantemente toda ordem de demandas? E em especial as que dizem respeito à aspiração dos indivíduos de corresponderem a seus ideais? Por que o enigma que se coloca com a demanda do sujeito deve ser sistematicamente ignorado e preenchido com soluções *prêt-à-porter*?

Naturalmente, se entendemos que as figuras da patologia que compõem o domínio da clínica são determinadas em suas formas e que isso parece indicar uma certa ordenação que estaria vigorando nas organizações patológicas, é relevante tentar estabelecer qual é o real que vigora nesta ordem. Com este objetivo, a medicina – assim como a psicanálise – estabelece seus conceitos fundamentais, os quais, como os de qualquer ciência (Lacan, 1964/1973), são conceitos que criam o real que destrincham e cujo objeto, uma vez recortado por sua lâmina, comporta-se como se tivesse estado lá desde sempre (Kuhn, 1970/1998). Tais conceitos são indispensáveis à práxis que se inaugura com a ciência moderna, mas, é preciso que se diga, seu valor vem mais do campo de operações que franqueiam com sua emergência do que pela evidência em que supostamente se suportam (Koyré, 1973/1982). Por isso mesmo, uma coisa é a importância incontestável das possibilidades de manejos do real, abertas pelos avanços da medicina; e outra coisa é utilizar as ferramentas daí provindas sem interrogar a lógica que informa a ciência e, ao contrário, endossando esta lógica como natural e única.

Afinal faz toda diferença tomar uma emergência inusitada do sujeito no real, como ato – que implica um dizer e a posição ética do sujeito, ainda que sintomática –, ou reduzir imediatamente esta "aparição" (que, neste caso, nem sequer será "*do sujeito*") a um "transtorno" definido de antemão no CID ou DSM (Tyszler,1999/2009). Se diagnosticamos a agitação ou dispersão sintomática de uma criança como TDAH, isso carreia um curso de ação determinado, com uma série de fenômenos passando a ser remetida à doença suposta e tratada através de medicamentos, segundo um protocolo que deixa de lado, ou em segundo plano, inevitavelmente, o dizer e as condições singulares que presidiram a formação daquela manifestação sintomática. Em seguida, claro, oblitera-se consideravelmente a questão do sintoma como produção dc linguagem que, na temporalidade própria do significante, dá lugar ao sujeito.

Nesta direção, a ideologia se renova e se expande; adquirindo estatuto de evidência "científica", após repetir-se *ad infinitum* no discurso sem meias palavras que difunde rapidamente tudo o que encontra na ciência sua legitimação. Descreve-se, por exemplo, o funcionamento do cérebro de uma criança dita hiperativa, comparando-o ao funcionamento do cérebro da chamada "criança normal" – para então passar a afirmar *no cérebro* a causa da hiperatividade, vista como efeito. Mas será que é o caso de reconduzir um sujeito que fala, que assume posições, ao nível das trocas físico-químicas? Como isolar um substrato que lhe dê lastro sem cair na alma transcendental que a ciência tornou arcaica? Diante deste impasse, ou admitimos a ligação intrínseca do sujeito à ordem significante – e arcamos com a problemática ética que vem desta condição – ou nos precipitamos no fisicalismo, entronizando "o cérebro", por exemplo, como instância a partir da qual o sujeito se articula (Johnson, 1987).

Poderia ser o fígado, como na época de Molière? O que a invocação da natureza físico/biológica do "órgão da mente" (Costa, 2005) acrescenta ao entendimento de nossa vida e de nossas possibilidades de atuar? Não será que recorremos "ao cérebro" como um "fora" do remetimento incessante e incerto da linguagem e do ato (Fernandes & Costa-Moura, 2009b), na busca de estabelecer o real de modo que se possa esperar dominá-lo? Parecemos propensos a "acreditar" em qualquer coisa que possa explicar a emergência do sujeito em função de uma positividade apreensível, que se possa manejar. O avanço das neurociências é exemplar neste aspecto. Levando às últimas consequências as teorias anteriores que ressaltavam a prevalência dos mecanismos biofísicos na constituição de um "homem neuronal" (Changeux, 1985/1991) as neurociências atêm-se a uma abordagem positiva do sujeito – mesmo que esta positividade remeta à ordem do escrito e da informação (Teixeira, 2005). Curiosamente, apesar de adotarem uma definição do cérebro como um conjunto articulado de redes (Lent, 2004), tais teóricos não abrem mão da definição – que poderia parecer, segundo seus próprios parâmetros, anacrônica – do cérebro como órgão, ou entidade extensa, que dá fundamento ao sujeito. Ou antes, que dá fundamento àquilo que, de algum modo, possibilita relativizar a presença do sujeito. Algo cuja manipulação científica permitiria reduzir o sujeito e os extraordinários eventos de sua emergência ao que é especificável no registro da extensão. Não é pouco.

Se isso prevalece, diversas operações passam a ser autorizadas no laço social, buscando incidir diretamente no organismo (i.é: "no cérebro" e seus elementos correlatos). Por aí chegamos ao reducionismo biologizante da psiquiatria contemporânea (Serpa Jr.,1998). Medicalizando o sofrimento neurótico, atribuímos aos tratamentos farmacológicos o encargo de nos livrar da depressão – só fazendo com isso reafirmar o empobrecimento e a contratura da atividade do sujeito diante da prevalência do objeto, que está na origem da mesma. Chegamos por aí ao que um adolescente nomeou, em homenagem ao antidepressivo largamente consumido no seu contexto familiar, "modo Prozac de ser" – mas não só. Chegamos aí como pudemos chegar, em outra conjuntura, até a eugenia e a higiene racial[7]. Pois, uma vez que o sujeito é reduzido à extensão e depurado da oportunidade de assegurar sua existência por seus atos, achando-se finalmente desprovido até mesmo de sua corporeidade como irredutivelmente

7 Cf. "Homo Sapiens 1900", documentário escrito e dirigido pelo diretor sueco Peter Cohen e produzido por Arte Factum, Svenska Filminstitutet e Sveriges Television. Construído a partir de arquivos de fotos e filmes de época, o filme aborda o movimento pró Eugenia que floresceu na Europa na aurora do século XX, a partir da preconização, em quatro nações (Suécia, Estados Unidos, Alemanha e ex-União Soviética), de uma ideologia da "genética adequada" e da busca da beleza perfeita a partir da manipulação biológica. Mostrando como tal movimento espalhou-se pelo mundo todo, argumenta que, diferente do que se imagina, o pioneirismo da Eugenia não pertence aos regimes fascistas. Pelo contrário, iniciada na tranquila Suécia, a prática da Eugenia ganhou vários adeptos antes de chegar a desempenhar papel considerável nas políticas raciais da Alemanha nazista e União Soviética. Não apenas nos anos que precederam o nazismo, mas até 1967 (data em que a derradeira lei eugenista foi revogada na Suécia), médicos e biólogos especializados viajavam pelo mundo pra divulgar essa política de extermínio como inovações da medicina. O filme estreou em 1998 na Suécia e em 2007 no Brasil.

singular – coisa que a tecnologia médica tratou de tornar obsoleta –, ele tende a reaparecer no real como objeto.

No roldão da associação de padrões comportamentais a elementos físico-químicos e fisiológicos, o sujeito pode tornar-se um luxo, ou simplesmente um dejeto. Resto a ser excluído, expulso do resultado buscado pela ciência. A partir deste ponto, o sujeito pode até escolher a cor dos próprios olhos, mas, por força da forclusão, está sempre exposto a uma angústia que pode tornar-se difusa, sem nomeação como tal, presentificando "no corpo" o gozo que, sob o comando fálico, adviria "fora do corpo", inscrito na linguagem (Lacan, 1975b/2002: 66 e 68). Nisto consiste a irrupção do sintoma para o sujeito. Sua anomalia mostrando, de maneira selvagem e atuada, a falta fundamental que Lacan nomeia "inexistência da relação sexual" (ibid.: 67) – a qual nos atravessa e nosso cientificismo condena ao recalque. Por isso Lacan observa: "o sentido do sintoma não é aquele com o qual nós o alimentamos para sua proliferação" (ibid.: 48); "o sentido do sintoma depende do futuro do real" (ibid.: 49).

Sem solução

Não podemos prescindir dos avanços da medicina e da ciência, nem das estruturas que regem a ordem humana pautadas neles, é claro. Isso seria um desperdício e, além do mais, irrealizável. Mas podemos (e devemos, talvez com urgência) colocar em questão a extrapolação redutora do impossível à impotência, que a ciência pressupõe – e que vige no campo da cultura contemporânea.

A relação que se pode entreter com os limites é profundamente alterada pelo remanejamento discursivo provindo da ciência. A começar pelo fato prosaico de que podemos operar no nível formal fazendo equivaler 1/3 à divisão de 10 por 3; omitindo o fato de que a conta é impossível, a ordenação do mundo pela via do algoritmo torna fácil e tentador para nós confundir a extensão dos limites do possível com a superação do impossível (Lebrun, 1997). Neste contexto, diante do que falha e rateia, em lugar de nos depararmos com o impossível que se coloca ali para nós – impossível subjetivo ou objetivo, no sentido do genitivo –, podemos reduzir rapidamente este impossível à impotência. E despender nossos dias procurando meios de contorná-la. A impotência acarreta uma infinitização de nossas manobras para velar o impossível do real. Afetados por ela, procuramos meios que nos levem diretamente aos objetos ou fins pretendidos, sem passar pelo ônus da eventual (e incerta e sofrida) retificação diante do desejo que nos habita. Já o impossível convoca ao ato, que inicia algo novo. Introduzindo ruptura e descontinuidade, entre o antes e o depois (Lacan, 1967-1968).

Nada impede – ou quase nada, nos dias de hoje – que se vá direto ao objeto, especialmente quando existem tantos e tão variados, cada vez mais à mão. Em lugar da referência ao que nos falta e nos constitui como humanos, o que temos hoje, como resultado do avanço da ciência, são objetos oferecidos ao consumo e aos quais nos agarramos. Lacan ([1974]1975/2005: 94) lembra que os *gadgets* "comem a gente", mas o fazem por intermédio do que nos interessa, do que mobilizam em nós. E nós queremos a coisa, sempre, e mais, e de novo. Porém o registro da demanda não implica a existência de um objeto que a satisfaça. O que se articula neste campo, em lugar de destacar um objeto, reenvia tão somente à metonímia significante como tal. Assim, entre a oferta e o consumo, a demanda que se recoloca a cada vez realiza seu círculo infernal – do qual somos presas. A demanda, diz Lacan (1958/1998: 623), "é intransitiva"; sua potência é veicular a falta que nos constitui, mais do que preenchê-la. Por isso, quanto mais "rezamos" (erigindo demandas), mais "assombrações" aparecem, sob a forma de miríades de objetos incapazes de satisfazê-las.

É neste ponto específico – momento correlativo a "um passo capital, a um avanço determinado do discurso da ciência" (Lacan, 1974/2005: 81) – que a psicanálise pode incidir para um sujeito e para a nossa ordem social. "A psicanálise é um sintoma", diz Lacan – e acrescenta: "mas é preciso saber *de que*" ela é o sintoma (idem, grifo nosso).

A experiência psicanalítica testemunha a importância deste ponto de impossível implicado na demanda para o advento do sujeito do desejo. Como o impasse está em jogo na demanda desde sempre, pelo simples fato de ela se articular na linguagem dirigida ao Outro, a sustentação de sua dimensão sem solução é crucial para a psicanálise. "Se o psicanalista não pode atender a demanda", diz Lacan (1967/2003: 343), "é apenas porque atendê-la é forçosamente decepcioná-la, uma vez que o que se demanda, de qualquer modo, é Outra coisa, e que é justamente isso que é preciso vir a saber".

Neste sentido se pode dizer que o campo da psicanálise é – em seu nascimento e ainda hoje – aquele que se funda pelo recolhimento do fracasso da satisfação pretendida da demanda. Fracasso que, sustentado pelo psicanalista, vem testemunhar a falha que permeia inelutavelmente nosso anseio de equacionar a injunção do desejo, no escopo da oferta e demanda de objetos de consumo. É desta falha real, intrínseca ao funcionamento da linguagem – e que é tomada em nossa cultura como contingente, espécie de *efeito colateral* passível de ser suprimido –, que a psicanálise, justamente, é o único discurso a poder dar notícia. Mas para isso "é preciso que a psicanálise fracasse" (Lacan, 1975b/2002: 50).

Diferenciando-se das práticas pautadas pelo imperativo de corresponder diretamente à ordem das demandas, a psicanálise tem que suportar a iminência de seu próprio fracasso para não elidir – "o que não funciona. [...] e que é preciso chamar por seu nome [...] – o real" (Lacan, 1974/2005: 76). A psicanálise, diz Lacan (ibid.: 87) "não tem nenhuma chave do porvir". Sendo um sintoma que vem da presença impossível do real para o sujeito, o que esperamos da psicanálise é que nos livre tanto do sintoma quanto do real. Se tiver êxito, a psicanálise "se apagará, por não ser senão um sintoma esquecido" (Lacan, 1975b/2002: 48 e 49).

Assim, a psicanálise é apenas um hiato. "O analista está num momento de muda. Por um breve momento se pôde aperceber [com a psicanálise] o que era a intrusão do real". (1974/2005: 82). E Lacan continua: "Isso não vai forçosamente durar" (ibid.: 83). Eis, portanto, a tarefa da psicanálise: infindável, porque se trata de assinalar a presença do real, sem por isso constituir uma ontologia, uma religião, um sistema; mas podendo, a qualquer momento, aniquilar-se. Anular-se em seu próprio "sucesso", em sua adaptação à ordem social e às demandas legitimadas.

É instigante que seja do real que depende a psicanálise nos anos vindouros e não o inverso. A questão é ética, a insistência da psicanálise dependendo muito mais de que os analistas possam retomar o efeito do que produzem, na *práxis* que lhes é própria – e que concerne ao real que determina o sujeito – do que da ambição de legitimação da psicanálise pela via conceitual, científica, operatória – que se ata à eficácia do jogo econômico vigente na cultura.

Talvez por isso Lacan (1969-1970/1991: 80) tenha chegado a dizer: "Não esperem de meu discurso nada mais subversivo do que não pretender ter a solução" – numa asserção que é uma verdadeira declaração de princípio. Mais contundente hoje do que nunca, ela trata de afirmar, em meio ao nosso funcionamento moderno, caracterizado pelo pragmatismo tecnológico, que a psicanálise não está aí para fazer caber nossa vida de sujeito na perspectiva do conforto individual. E que o discurso analítico não autoriza sustentar essa aspiração, que é nossa, de levar o sujeito a uma relação harmônica com a realidade – uma relação que o livraria do corte que o real implica. Dizer isso é, de fato, subverter o movimento, no qual nosso mundo está imerso, de levar até as últimas consequências o ordenamento universal das demandas do sujeito.

Observando que o desejo se equaciona por relação ao problema do gozo – afeito menos ao processamento das demandas, seja ele qual for, do que à satisfação incessante e paradoxal da pulsão, Lacan já nos advertira, desde o seminário de 1959-1960 sobre a ética, para o real implicado aí e o que ele inviabiliza: não há, para o sujeito, nenhuma "disciplina da felicidade". Nenhuma ponderação aristotélica lhe permite realizar-se em seu próprio bem. Não há nada parecido com isso a oferecer na análise – nenhuma panaceia, nenhum caminho a apontar para fazer o sujeito chegar à função do desejo a partir da razão ou da necessidade. O desejo, diz Lacan (1959-1960/1986: 247), "é uma dificuldade". Sua fronteira é sempre marcada por algum obstáculo, um impasse que encontramos por estrutura. Uma dificuldade paradoxal mas indispensável ao registro da psicanálise, não havendo mesmo experiência psicanalítica fora de seu alcance.

Consoante com isso, na breve nota que redigiu endereçada à Seção Clínica da EFP, anos mais tarde, Lacan (1976/1981 – segundo pergunta a ele feita na própria ocasião, por Marcel Czermark) teria definido: "a clínica psicanalítica é o real enquanto impossível de suportar". Para o sujeito, passar pela experiência de uma análise implica o impossível de suportar ser relançado de um significante a outro, sem jamais encontrar um último, capaz de representar seu desejo integralmente no plano da fala e do saber. E, exatamente por isso, o insuportável de ser confrontado à contingência de seu ato – no desarvoramento absoluto a que o conduz a exposição a seu desejo. Para o analista o impossível de suportar diz respeito a sujeitar-se ao real que o sujeito lhe apresenta, sem recurso à ilusão, apaziguadora, de deter uma solução. Se escuta o pleito do sujeito na suposição de que sabe de que se trata e como ele deveria agir – se cai na falácia de preconizar, de prescrever o que quer que seja ao sujeito (um comportamento, uma ponderação, uma solução e mesmo o desejo, ou sobretudo este) –, que lugar deixa para o impossível que está ali presentificado? Para o real que acossa o sujeito e do qual ele vem falar?

Ao contrário disso, cabe ao analista acolher o sujeito como se apresenta – suportar o real, sem pretensão de poder oferecer, quanto a isso, lenitivo, tratamento ou supressão. Sob pena de vir a perpetuar o rechaço em que recai toda tentativa de ignorar ou minimizar a força desta presença do real em jogo para o sujeito, o analista tem por função a sustentação do impossível, como tal, *em aberto, sem solução.* Até que o sujeito possa advir neste ponto, incorporando como perda

– que lhe concerne e constitui – o que é falta no plano da estrutura. Se chega a topar com o que há de impossível para ele; se chega a fazer a experiência do impossível em ato (e não apenas no plano do saber – que o levaria à impotência), o sujeito vê abrir-se diante dele a um só tempo o desarrimo e a chance de seu desejo.

O analista por sua vez abre mão do conforto e facilidade que a sugestão facultaria para sujeitar-se à incidência deste ponto, que é intolerável para o sujeito – dado que o constitui como irremediavelmente Outro – e também para quem lida com ele. Por fazê-lo, o analista "toca como ninguém no que é destino de todos" (Lacan, 1967/2003: 348). Não é sem ato de renúncia a seu saber (não apenas seu saber teórico mas sobretudo aquele que comanda seu gozo) e às suas pretensões pastorais; não é sem passar pela angústia, até o ponto de lhe fazer calo, que o analista pode ocupar de fato este lugar. Expor-se ao real sem pretender vencê-lo, reduzilo a qualquer título que seja, implica perder em sua palavra – que comparece na cura, amputada do saber e da certeza com que habitualmente a ornamos; perder em sua pessoa – que por exigência da transferência é despojada dos atributos definidos que gostamos de verificar nela; e finalmente, pagar em desejo ("o mais essencial em seu juízo mais íntimo"), o salto no escuro que precede sua intervenção no "cerne do ser" (Lacan, 1958/1998: 593). O analista paga caro, mas não há de fato alternativa. Pois "tudo depende de que o real insista", diz Lacan (1975b/2002: 49).

Essa posição de Lacan (assim o proponho) conjuga a psicanálise à assunção da irredutibilidade do real como forma de manter aberto o corte, sempre prestes a fecharse, que impossibilita ao sujeito anular-se em sua própria objetivação. Trata-se de uma posição dura, audaz e que afronta especialmente tantas iniciativas atuais que tomam a direção de tornar a psicanálise mais palatável – fazendo-a parecer menos custosa, menos "negativa", mais "científica", "metódica" – e contrasta com as reações inflamadas que se levantam em nosso meio a cada vez que algo menos assegurador é veiculado.

Afirmando a existência do discurso psicanalítico como um sintoma, Lacan retoma o debate mais amplo que já fora encaminhado por Freud, em artigos como "O mal-estar na civilização" (1930/1976) e "Análise terminável e interminável" (1937/1976), requisitando para a psicanálise sua parte com o mal-estar na civilização que a faz compartilhar do destino dado ao real (Lacan, 1975b/2002: 48-40). Nessa época em que o homem tornou-se uma espécie de "Deus da prótese" (Freud, 1930/1976: 98), cabe ao psicanalista problematizar o pacto "fáustico" celebrado com a ciência – e pelo qual se lhe outorgou o saber sobre o que nos convém e a responsabilidade de decidir por nós –, sustentando com seu ato o fracasso de nossa pretensão de mestria diante da intrusão do real.

Referências bibliográficas

Costa, C. (2005). *Filosofia da mente.* Rio de Janeiro: Jorge Zahar.

Costa-Moura, F. (2005). Adolescência: efeitos da ciência sobre o campo do sujeito. *Psicologia Clínica, 17.2,* 113-125.

Costa-Moura, F.& Bianco, A. C. L. (2006). A psicanálise fracassa onde a religião triunfa: em torno do real e da ciência. *Tempo Psicanalítico, 38,* 165-179.

Costa-Moura, F., & Freire, A. B (2008). Adolescência e tratamento do impossível hoje. In: Marty, F. & Cardoso, M. (Orgs). *Destinos da adolescência* (pp. 181-199). Rio de Janeiro: 7Letras.

Changeux, J. P. (1985/1991). *Homem neuronal: a biologia da mente*. Lisboa: Dom Quixote.

Czermak, M. (1994/2009). Nosso tempo está contado. In: Czermak, M. & Jesuíno, A. (Orgs.) *Fenômenos elementares e automatismo mental* (pp. 39-54). Rio de Janeiro: Tempo Freudiano Associação Psicanalítica.

Czermak, M. (2009). O discurso liga os orgãos em função. In: Czermak, M. & Tyszler, J. J. (Orgs.) *A pulsão na psicose: oralidade, mania e melancolia* (pp. 15-26). Rio de Janeiro: Tempo Freudiano.

Fernandes, F. L. & Rocha, E. C. (2007). Notas sobre a relação entre psicanálise, psiquiatria e reforma psiquiátrica no Brasil. In: *A operação do significante: o nome, a imagem, o objeto* (pp. 49-66). Rio de Janeiro: Tempo Freudiano Associação Psicanalítica.

Fernandes, F. L. & Costa-Moura, F. (2009). Lógica da ciência, formalismo e forclusão do sujeito. In: Costa-Moura, F. (Org.). *Psicanálise e laço social* (pp. 144-166). Rio de Janeiro: 7Letras.

Fernandes, F. L. & Costa-Moura, F. (2009b). Quem sabia? O escrito como fundamento em ato do real. In: Oliveira, C. (Org.). *Anais do III Encontro de Pesquisadores em Filosofia e Psicanálise* (no prelo). Rio de Janeiro.

Foucault, M. (1963/2008). *O nascimento da clínica*. Rio de Janeiro: Forense Universitária.

Foucault, M. (1976/1977). *A vontade de saber*. Rio de Janeiro: Graal.

Freud, S. (1925/1976). Prefácio a "Juventude desonrientada" de Aichhorn". In: Freud, S. *Edição standard brasileira das obras psicológicas completas*, v. XIX. Rio de Janeiro: Imago.

Freud, S. (1930/1976). O mal-estar na civilização. In: Freud, S. *Edição standard brasileira das obras psicológicas completas,* v. XXI. Rio de Janeiro: Imago.

Freud, S. (1937/1976). Análise terminável e interminável. In: Freud, S. *Edição standard brasileira das obras psicológicas completas,* v. XXIII. Rio de Janeiro: Imago.

Garnot, D. S. F. (2004). Herdeiros da ciência, até que ponto?. In: *A clínica psicanalítica e as novas formas do gozo* (pp. 89-110). Rio de Janeiro: Tempo Freudiano Associação Psicanalítica.

Johnson, M. (1987). *The body in the mind: the bodily basis of meaning, imagination, and reason.* Chicago. The University of Chicago Press.

Koyré, A. (1973/1982). *Estudos de história do pensamento científico.* Rio de Janeiro: Forense Universitária.

Kuhn, T. (1970/1998). *A estrutura das revoluções científicas.* São Paulo: Perspectiva.

Lacan, J. (1957/1998). A instância da letra no inconsciente ou a razão desde Freud. In: Lacan, J. *Escritos.* Rio de Janeiro: Jorge Zahar.

Lacan, J. (1958/1998). A direção do tratamento e os princípios de seu poder. In: Lacan, J. *Escritos.* Rio de Janeiro: Jorge Zahar Editor.

Lacan, J. (1959-1960/1986). *Le séminaire, livre VII: l'éthique de la psychanalise.* Paris: Seuil.

Lacan, J. (1964/1973). *Le séminaire, livre XI: les quatre concepts fondamentaux de la psychanalyse.* Paris: Seuil.

Lacan, J. (1965-1966). *L'objet de la psychanalyse.* Seminário inédito.

Lacan, J. (1967/2003). A psicanálise: razão de um fracasso. In: Lacan, J. *Outros escritos.* Rio de Janeiro: Jorge Zahar Editor.

Lacan, J. (1967-1978). *L'acte psychanalytique.* Seminário inédito.

Lacan, J. (1969-1970/1991). *Le séminaire, livre XVII: l'envers de la psychanalyse.* Paris: Éditions du Seuil.

Lacan, J. (1972-1973/1975). *Le séminaire, livre XX: encore.* Paris: Éditions du Seuil.

Lacan, J. (1974/1975). La troisième. Paris: Conferência publicada originalmente nas Lettres de L'École Freudienne de Paris, 1975, nº 16, 177-203.

Lacan, J. (1974/1977). Radiofonía. In: Lacan, J. *Psicoanálisis, Radiofonía & Televisión* (pp. 9-77). Barcelona: Editorial Anagrama.

Lacan, J. (1974/2005). *Le triomphe de la religion précédé de Discours aux catholiques.* Paris: Seuil.

Lacan, J. (1975a/2002). Entrevista do Dr.Lacan à imprensa – 29 de outubro de 1974. In: Lacan, J. *Cadernos Lacan*, v. *2* (pp. 15-36). Porto Alegre: Associação Psicanalítica de Porto Alegre (Publicação não comercial).

Lacan, J. (1975b/2002). A terceira. In: Lacan, J. *Cadernos Lacan* v. 2 (pp. 39-71). Porto Alegre: Associação Psicanalítica de Porto Alegre (publicação não comercial).

Lacan, J. (1976/1981). Apertura de la Sección Clínica. *Ornicar?* nº 3 (en castellano).

Lebrun, J. P. (1997). *Un monde sans limite.* Ramonville Saint-Agne: Érès.

Lent, R. (2004). *Atenção, neurônios na bicicleta!* Rio de Janeiro: Vieira & Lent/FAPERJ.

Melman, Ch. (2008). *Como alguém se torna paranóico?: de Schreber a nossos dias.* Porto Alegre: CMC.

Melman, Ch. (2002). *L' Homme sans gravité: Jouir à tout prix.* Paris: Denoël.

Serpa Jr. O. D. (1998) *Mal estar na natureza: estudo crítico sobre o reducionismo biológico em psiquiatria.* Rio de Janeiro: Editora Te Corá.

Teixeira, J. F. (2005). *Filosofia da mente: neurociência, cognição e comportamento.* São Carlos: Claraluz.

Tyszler, J.-J. (1999/2009). Transtornos do humor: o luto da melancolia. In: Czermak, M. & Tyszler, J.-J. (Orgs.). *A pulsão na psicose: oralidade, mania e melancolia* (pp. 109-116). Rio de Janeiro: Tempo Freudiano.

Vorsatz, I. (2010) *Antígona e o fundamento trágico da ética da psicanálise.* Tese de Doutorado defendida no Programa de Pós-Graduação em Teoria Psicanalítica – IP/UFRJ.

Sobre os autores

Christian Hoffmann
Psicanalista; Professor de pscopatologia clínica; Pesquisador no CRPMS, Université Paris 7.
e-mail: christian.hoffmann@univ-paris-diderot.fr

Fernanda Costa-Moura
Psicanalista; Professora Adjunta do Programa de Pós-Graduação em Teoria Psicanalítica e do Instituto de Psicologia da UFRJ; Membro (AMT) do Tempo Freudiano Associação Psicanalítica; Integrante do Grupo de pesquisa Núcleo de Psicanálise, Discurso e Laço Social.
e-mail: fcostamoura@infolink.com.br

Ieda Tucherman
Professora do programa de Pesquisa e Pós-Graduação da Escola de Comunicação da UFRJ; Bolsista de pesquisa do CNPq; Pós-Doutorado Ircam – Centre Georges Pompidou – Paris; Doutora em Comunicação pela Eco-UFRJ.
e-mail: iedatucherman@gmail.com

Isabel Fortes
Psicanalista; Professora Visitante do Programa de Pós-Graduação em Teoria Psicanalítica da UFRJ; Membro do Espaço Brasileiro de Estudos Psicanalíticos.
e-mail: mariaisabelfortes@gmail.com

Jésus Santiago
Professor Adjunto da Pós-Graduação em Psicologia – UFMG; Pós-doutorado no PPGTP/UFRJ; AME da Escola Brasileira de Psicanálise; Doutor pelo Département de Psychanalyse de Paris VIII; Membro da Associação Mundial de Psicanálise.
e-mail: santiago.bhe@terra.com.br

Joel Birman
Professor titular do Instituto de Psicologia da UFRJ; Professor Adjunto do Instituto de Medicina Social da UERJ; Pesquisador do Conselho Nacional de Pesquisa; Diretor de Estudos em Letras e Ciências Humanas, Universidade Paris VII.

Julio Verztman
Psicanalista, psiquiatra, doutor (UFRJ); Coordenador do Núcleo de Estudos em Psicanálise e Clínica da Contemporaneidade (NEPEC-UFRJ); Psiquiatra do IPUB-UFRJ.
e-mail: jverztman@ufrj.br

Márcia Arán
Psicóloga; Psicanalista; Professora Adjunta do Instituto de Medicina Social da UERJ; Doutora em Saúde Coletiva – IMS-UERJ.
e-mail: marciaaran@terra.com.br

Maria do Carmo Borges de Souza
Professora Adjunta, Doutora, da UFRJ; Responsável pelo Setor de Reprodução Humana-IG-UFRJ; Diretora de G&O Barra – Reprodução Humana, RJ; Vice-Presidente da Rede Latinoamericana de Reprodução Assistida.
e-mail: mariadocarmo@cmb.com.br

Marisa Decat de Moura
Doutora em Ciências pela UFRJ; Coordenadora do Curso de Pós-Graduação, Especialização em Psicologia Hospitalar, Universidade FUMEC, MG; Coordenadora da Clínica de Psicologia e Psicanálise do Hospital Mater Dei, MG; Psicóloga do Instituto Brasileiro de Reprodução Assistida, MG; Membro Correspondente da Federação Europeia de Psicanálise, França.
e-mail: marisadecatmoura@uol.com.br

Marta Rezende Cardoso
Psicóloga; Psicanalista; Professora Associada do Instituto de Psicologia da UFRJ (Programa de Pós-Graduação em Teoria Psicanalítica); Pesquisadora do CNPq (bolsa de produtividade em pesquisa); Doutora em Psicopatologia Fundamental e Psicanálise – Universidade de Paris 7; Membro da Associação Universitária de Pesquisa em Psicopatologia Fundamental;
e-mail: rezendecardoso@gmail.com

Patrícia Paraboni
Psicóloga; Doutoranda do Programa de Pós-Graduação em Teoria Psicanalítica – UFRJ; Mestre em Teoria Psicanalítica pelo

Programa de Pós-Graduação em Teoria Psicanalítica – UFRJ com bolsa da CAPES.
e-mail: pparaboni@yahoo.com.br

Priscila Magalhães
Psicóloga; Psicanalista do Espaço Brasileiro de Estudos Psicanalíticos; Mestre em teoria psicanalítica pela UFRJ; Coordenadora da Política Nacional de Humanização no INCA.
e-mail: priscilamagalhaes@pobox.com

Raquel Alcides
Psicóloga da Clínica da Dor e Cuidados Paliativos HUCFF/UFRJ; Mestre em Saúde Coletiva (IMS/UERJ).
e-mail: raquelalcides@uol.com.br

Regina Herzog
Psicanalista; Professora do Programa de Pós-Graduação em Teoria Psicanalítica (PPGTP-UFRJ); Coordenadora do Núcleo de Estudos em Psicanálise e Clínica da Contemporaneidade (NEPEC-UFRJ).
e-mail: rherzog@globo.com

Regina Neri
Psicanalista do Espaço Brasileiro de Estudos Psicanalíticos; Doutora em Teoria Psicanalítica (UFRJ); Consultora da Política Nacional de Humanização no INCA no período de 2006 a 2009.
e-mail: reginaneri@uol.com.br

Simone Perelson
Psicanalista; Professora adjunta do Programa de Pós-Graduação em Teoria Psicanalítica/UFRJ e Escola de Comunica-

ção/UFRJ; Pós-doutorado em Psicopatologia Fundamental e Psicanálise – Universidade Paris 7; Psicóloga do Centro de Fertilidade da Rede Labs d'Or e Psicóloga colaboradora do Setor de Reprodução Humana – IG-UFRJ.
e-mail: simoneperelson@oi.com.br

Tania Coelho dos Santos
Professora Associada do Programa de Pós-Graduação em Teoria Psicanalítica UFRJ; Pós-Doutorado no Departamento de Psicanálise de Paris VIII; Pesquisadora bolsista do CNPq nível 1C; Presidente do Núcleo Sephora de pesquisas sobre o moderno e o contemporâneo; Membro da Escola Brasileira de Psicanálise; Membro da Associação Mundial de Psicanálise.
e-mail: taniacs@openlink.com.br

Teresa Pinheiro
Psicanalista; Coordenadora do Núcleo de Estudos em Psicanálise e Clínica da Contemporaneidade (NEPEC-UFRJ).
e-mail: teresapinh@gmail.com

Este livro foi impresso nas oficinas gráficas da Editora Vozes Ltda.,
Rua Frei Luís, 100 – Petrópolis, RJ.